AF210501

Kann KI Kommunikation?

Von Richard Tigges

Richard Tigges

Kann KI Kommunikation?

Anleitung zur Einführung
Generativer Künstlicher Intelligenz
in PR & Marketing

www.toptext.info

Bibliografische Information der Deutschen Nationalbibliothek: Die Deutsche Nationalbibliothek verzeichnet diese Publikation in der Deutschen Nationalbibliografie; detaillierte bibliografische Daten sind im Internet über http://dnb.dnb.de abrufbar.

Tigges, Richard: Kann KI Kommunikation?
Anleitung zur Einführung Generativer Künstlicher Intelligenz in PR & Marketing

Verlag:
BoD · Books on Demand GmbH, In de Tarpen 42, 22848 Norderstedt, bod@bod.de
Druck:
Libri Plureos GmbH, Friedensallee 273, 22763 Hamburg

Unserer Umwelt zuliebe ist dieses Buch auf FSC®-zertifiziertem Papier gedruckt, das aus einer verantwortungsvollen Forstwirtschaft stammt.

ISBN: 978-3-7693-5565-9

Inhaltsverzeichnis

Vorwort

Künstliche Intelligenz ist die Technologie, welche sich mit der Automatisierung intelligenten Verhaltens beschäftigt. Der Ursprung der Technologie liegt bereits im 20. Jahrhundert, die disruptiven Veränderungen unserer gewohnten Arbeitswelt werden seit der Veröffentlichung von Chat-GPT Ende 2022 täglich hinterfragt.

2017 wurden von Google mit dem Konzept Attention is All You Need der Grundstein für die GPT [Generative Pretrained Transformer] Modelle gelegt. Seit 2023 definieren die multi-modalen Modelle, Algorithmen welche verschiedene Daten wie Text, Bild und Audio gleichzeitig prozessieren, die Mensch-Maschine-Interaktion neu. Die disruptiven Technologie-Entwicklungen und die Multiagenten-Systeme sind dabei unsere Kommunikation zu revolutionieren.

Richard Tigges stellt mit dem diesem Buch „Kann KI Kommunikation?" eine der wichtigsten Fragen für die Zukunft unserer Interaktion. Als erfahrender Sparringspartner und Co-Lead im Cluster Technology der deutschlandweiten Arbeitsgemeinschaft CommTech kennt er die Bedürfnisse seines Handwerks. Er vereint die Kompetenzen von Journalismus, PR und Smart Technologies in seiner Person und gibt sie in diesem Ratgeber an PR- und Marketing-Abteilungen weiter. Bei Volkswagen, in der Automobilbranche und darüber hinaus wird er mit seinem

Engagement für daten- und AI-getriebene Kommunikation seine Spuren hinterlassen. Ich schätze seine visionäre Kraft.

Viel Spaß beim Lesen und Lernen!

Daniela Rittmeier
Head of [Generative] AI Accelerator, Capgemini

**ann KI Kommunikation?** Und wie bringe ich unser Unternehmen an die Spitze der Bewegung Generativer KI [GenAI] oder zumindest unter die Fast Follower? Mit dieser Frage befassen sich augenblicklich tatsächlich deutlich mehr Kommunikationsprofis als es zugeben wollen. In diesem Ratgeber nehme ich Ihnen die eine oder andere Angst vor dem ersten (oder zweiten) Schritt und gebe Ihnen im folgenden Kapitel konkrete Anregungen, wie Sie KI in Ihrer PR- oder Marketing-Abteilung rasch, effizient und vor allem sinnstiftend einführen. Dabei gibt es Quick-wins und langfristige, strategische Weichenstellungen, die sich auszahlen werden.

Die neue Generation an Kommunikatoren strömt nicht mehr als „GenZ" von den Universitäten ins Berufsleben, sondern von den KI-Labors dieser Welt. Sie nennt sich „GenAI" und verspricht, das Einmaleins von PR & Marketing zu beherrschen. Und auf Anhieb weite Teile des Berufsbildes „Kommunikationsexpert-in/-e" zu erfüllen. Fast ohne Einarbeitung. Das ist die Expertise der bahnbrechenden Technologie, die wir als Generative Künstliche Intelligenz (kurz GenAI) bezeichnen.

Als Kommunikatoren aus Fleisch und Blut stehen wir unmittelbar an der Schwelle zur Nutzung von GenAI im großen Stil und wollen alle möglichst früh, möglichst umfassend und möglichst ohne Fehler davon profitieren.

Gleichzeitig gilt es, keine Zeit zu verlieren. Denn der Zufall will es, dass dieser gewaltige Umbruch inmitten der Corona-Pandemie und in weltweiten Kriegs- und Krisenzeiten stattfindet. Bei einer angespannten Wirtschaftslage steht eine Reihe von Unternehmen stark unter Effizienzdruck. Da kommt eine Technologie gelegen, die verspricht, Content für die Kommunikation im Handumdrehen zu produzieren, Abläufe zu automatisieren und die Ansprache der Zielgruppen zu individualisieren wie nie zuvor. Sparmaßnahmen oder gar Entlassungen werden in der öffentlichen Debatte zunehmend in einem Atemzug mit KI genannt, was GenAI das unfreiwillige Image eines Jobkillers beschert hat. Ist sie halt nicht nur ein Verstärker von Kreativität für unseren Berufsstand, sondern eben auch ein Verstärker von Effizienz.

Nachdem **OpenAI** im November 2022 seine generativen vortrainierten Transformer unter dem Namen GPT vorgestellt hatte, löste das erste Produkt mit dem Namen **ChatGPT** weltweites Aufsehen aus. Binnen weniger Tage nutzten bereits mehr als 100 Millionen User das Programm – die am schnellsten wachsende Plattform aller Zeiten war an den Start gegangen. Generative Künstliche Intelligenz erreicht seither alle Lebens- und Arbeitsbereiche und wirkt so disruptiv wie nichts zuvor.

Bei ChatGPT sollte es nicht bleiben. OpenAI legte von Jahr zu Jahr leistungsfähigere Varianten ihres Text-zu-Bild-Generators **DALL-E** nach und präsentierte im Februar 2024 eine erste Vorschau auf den Text-zu-Video-Generator **Sora**, der im Dezember des gleichen Jahres gelauncht wurde. Neben Text, Bild und Bewegtbild sind auch Stimmen und Musik in beeindruckender Qualität erzeugbar.

Bei AI einen Monat zu verpassen, bedeutet gefühlt ein Jahr zu verpassen. Denn die neue Technologie der generativen AI fordert uns täglich neu heraus, Schritt zu halten. Unabhängig von der Frage, ob OpenAI's GPT, Llama, Claude, Gemini oder doch DeepSeek aus China das bessere Sprachmodell ist: GenAI wird uns Kom-mu-nikatoren nur tatkräftig unterstützen, wenn sie nahtlos

Um Generative Künstliche Intelligenz und datenbasierte Handlungsempfehlungen in PR & Marketing zu implementieren, empfehle ich eine klare Strategie mit einer Roadmap, die entlang der Wertschöpfung die schrittweise Integration von KI skizziert.

- Botschaftenbibliothek und AI MessageTracking
- Promptbibliothek mit Formatbeschreibungen
- Effiziente AI Content-Workflows
- Journalisten-Service mit Chatbot
- Hyperpersonalisierung in PR & Marketing
- Automatisierte Berichterstattung
- Automatisierte Asset-Produktion
- Performance- und Sentiment-Analysen in Echtzeit
- Outside-in-Impulse
- KI-Optimierung von Content
- Maßgeschneiderte Individualschulungen

Im Folgenden beschreibe ich diese in meinen Augen zwölf wichtigsten Anwendungsgebiete, mit denen Sie idealerweise den Aufbau Ihrer KI-Werkstatt beginnen, etwas detaillierter.

Botschaften aufschreiben und mit semantischer Vektorisierung optimieren

Moderne Kommunikation verlangt Präzision und Konsistenz. Deshalb ist es wichtig, als Erstes zu definieren, WAS ein Unternehmen zu sagen hat. Erstaunlicherweise verfügen die wenigsten PR- und Marketing-Abteilungen über ein ordentliches Botschaften-Management, in dem schriftlich, für das ganze Team einsehbar und stets aktuell die zentralen Inhalte abrufbar sind. Dazu gehören Zahlen, Daten, Fakten genauso wie die Sammlung aktiver Aussagen über das Unternehmen und seine Produkte oder Services und reaktive Statements für bekannte Krisenthemen oder Holding Statements für potenzielle weitere Krisen.

Eine solche One-Voice-Bibliothek ist kein Hexenwerk. Sie erfordert lediglich die Disziplin, vor der Umsetzung konkreter Inhalte in den einzelnen Silos einer Kommunikationsabteilung erst einmal die gemeinsame Hausaufgabe zu erledigen:

- Recherche eines Themas
- Identifikation von Alleinstellungsmerkmalen
- Strategische Bewertung des Themas
- Zuspitzung auf zentrale Aussagen/Botschaften
- Antizipation möglicher Gegenargumente in einem Q&A

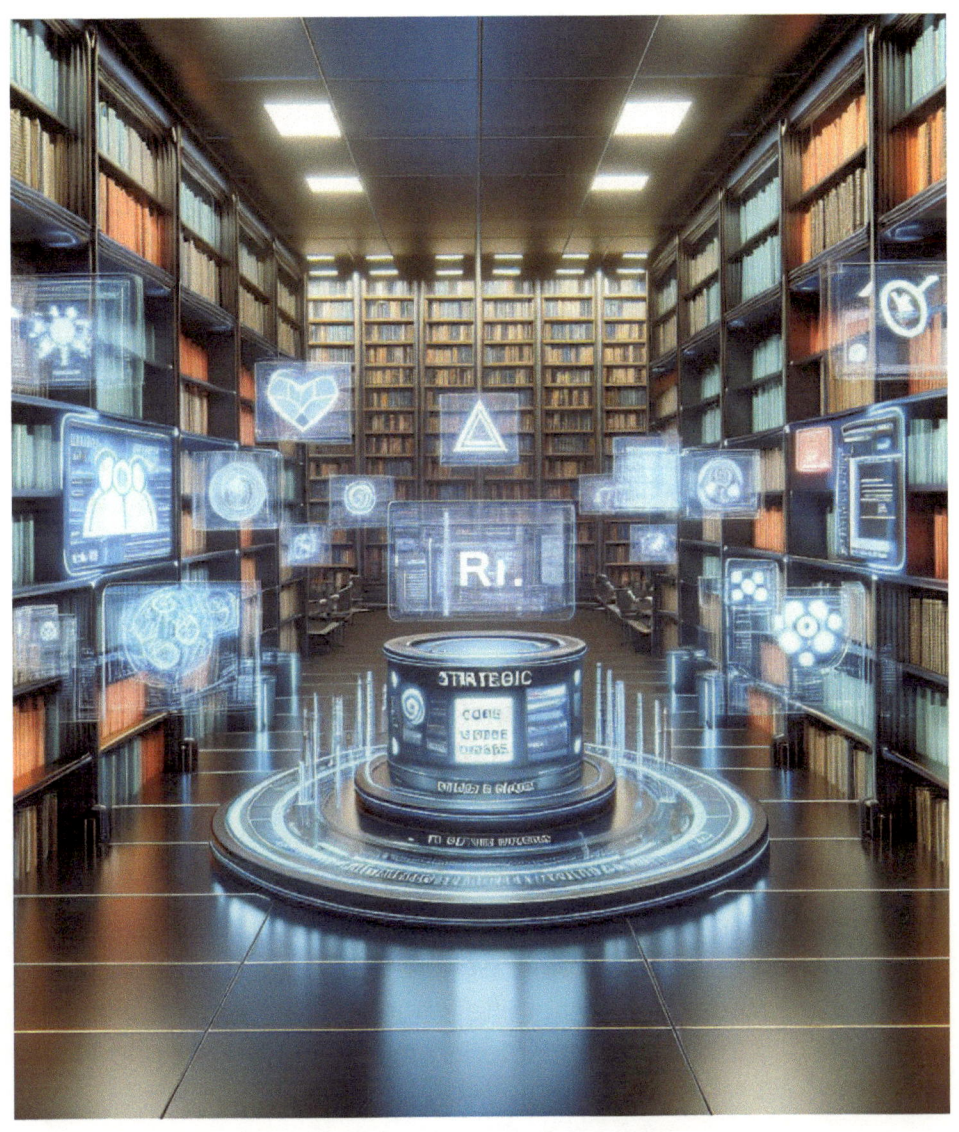

Seit GenAI seine Wirkung entfaltet, erkennen immer mehr Kommunikationsabteilungen die Bedeutung eines solchen strategischen Botschaftenmanagements. Denn der Output kann nur so gut sein wie der Input. Ich nenne Botschaften als Quelle strukturierten Inputs gerne den „Maggiwürfel der Kommunikation", weil sich daraus später für verschiedenste Anlässe und Geschmäcker die unterschiedlichsten Gerichte zubereiten lassen.

Feinschmecker rümpfen an dieser Stelle meist die Nase ob meines banalen Vergleichs. Doch wenn ich sie daran erinnere, dass sie für ein gutes Essen mit Freunden ja auch über den Markt schlendern, die besten Zutaten aussuchen, diese frisch auf den Tisch bringen und aus einem Teil der Zutaten am Folgetag oft auch noch etwas Fantastisches zaubern, dann verstehen sie den Vergleich. Und wer vorhat, Tausende von Gerichten pro Jahr zu servieren, muss damit beginnen, auf die gleichbleibende Qualität der Zutaten zu achten. Jedenfalls lohnt es sich, Zeit und Liebe in die Essenz der Kommunikation zu stecken.

Botschaftenmanagement ist das ideale Frontloading für Kommunikation, nicht erst mit Blick auf KI. Deshalb hätte der Aufbau einer One-Voice-Bibliothek eigentlich der erste Schritt bei der Digitalisierung Ihrer Kommunikationsabteilung sein müssen; holen Sie ihn spätestens jetzt nach. Das in meinen Augen beste Tool fürs Botschaftenmanagement hat **YessPress®** in sein **ComTool** integriert und mit GenAI verbunden. Das Erlanger Unternehmen hat für das Digitalisieren eines Anfangsbestandes an Aussagen und Q&As eine weitere KI-Lösung entwickelt, die archivierte Reden, Pressemitteilungen u.a. auf Basis der gängigsten journalistischen Kriterien in Kernaussagen und Q&As verdichtet.

Gleichzeitig erlaubt der Einsatz von KI in der Medienanalyse erstmals die spannendste Messung seit der Erfindung des „Pressespiegels". Endlich geht es nicht mehr nur um die Höhe des Clipping-Stapels in Zentimetern, das Anzeigenäquivalent in Euro, die Zahl der erschienenen Artikel oder ihre kumulierte Reichweite oder die zugegeben oberflächliche Bewertung des Gesamtartikels als „positiv", „neutral" oder „negativ". Endlich lässt sich bei ersten Anbietern wie **Altastic** genau das messen, was im ureigenen Interesse jeder PR-Abteilung liegen sollte: Wie dringen wir mit unseren zentralen Aussagen in den Medien durch?

Eine solche Analyse gelingt mit Hilfe semantischer Vektorisierung. Bei diesem Verfahren werden Aussagen entsprechend ihrer Bedeutung im mehrdimensionalen Bedeutungsraum verortet. Hauseigene Botschaften durchlaufen die Vektorisierung ebenso wie die Fundstellen in den Medien im Volltext. Durch den Vergleich der Vektoren kann die weltweite Resonanz auf Botschaften kontinuierlich getrackt werden – und zwar formulierungs- und sprachunabhängig. Audi, Altastic und YessPress haben diesen Usecase 2024 als erste aufgesetzt und werten dazu täglich bis zu 400.000 Fundstellen aus. Das AI MessageTracking ist ein unschätzbares Werkzeug, um strategische Kommunikation auf ein neues Level zu heben.

Doch selbst wenn Sie derzeit kein KI-basiertes Media Monitoring in Ihrem Hause planen, will ich Ihnen dringend wenigstens den Aufbau einer Botschaftenbibliothek ans Herz legen. Diese Entscheidung wird Ihre Kommunikation verändern! Für die Durchsetzung einer weltweiten OneVoice Policy. Und für eine aufwandsarme „Fütterung" aller GenAI Anwendungen, die Sie in Zukunft vorhaben.

Promptbibliothek mit Format-Profilen statt Live User Prompts nutzen

Wer – auch und gerade in Zeiten von GenAI – Kommunikation strategisch betreiben will, kommt auch an einer detaillierten Beschreibung der hauseigenen Kommunikationsformate nicht vorbei. Sind die Botschaften das WAS der Kommunikation legen Sie in den Formaten das WIE fest.

- Wie ist eine Pressemitteilung unserer Marke aufgebaut?
- Worauf achtet unser CEO bei einer internen Rede?
- Was meinen wir mit diesem Twinkle in the Eye am Ende unserer LinkedIn Longreads?
- Wie sieht eine Intranet-Nachricht bei uns aus?

Wer sich dies nicht jedes Mal von Neuem überlegen will, wenn er GenAI beauftragt, kann statt der Eingabe von Live User Prompts die vordefinierten Formatbeschreibungen abrufen. Dazu ist (analog zur weiter oben beschriebenen Botschaftenbibliothek) nur eine Promptbibliothek aufzubauen. Zwar sind erste generische Produkte am Markt, mit denen sich passable Ergebnisse für eine Vielzahl an Kommunikationsformaten erzeugen lassen, doch die besten Resultate erzielen Sie mit einer spezifischen Beschreibung Ihrer hauseigenen Textarten. Achten Sie also darauf, ob Ihr zentrales Kommunikationstool um eine Promptbibliothek erweitert werden kann.

Um im Bild des Maggiwürfels (oder vielleicht besser der „Essenz der Kommunikation") zu bleiben: Die besten Rezepte zu standardisieren, ist Voraussetzung für ein Skalieren der AI Content Produktion, um aus dem Probebetrieb der AI-Hexenküche herauszukommen.

Der Autohersteller **Audi** und die **Deutsche Bahn** nutzen ihre digitalen Botschaftenbibliotheken mit dem treffenden Namen OneVoice und eine eigene Promptbibliothek im YessPress® ComTool, um weitgehend auf Live User Prompts und entsprechende Individualschulungen der Kommunikatoren zu verzichten.

Die Philosophie dahinter ist, dass ein Unternehmen weder spontan bei jedem Prompt überlegt, was es zu sagen hat, noch wie seine Kommunikationsformate aufgebaut sind. Das „Was" und „Wie" liegen in den Botschaften- und Promptbibliotheken.

In einem Warenkorbsystem stellt der Nutzer die passenden Botschaften zusammen und wählt in Abhängigkeit von der Zielgruppe das gewünschte Format und den Sprachstil aus. Der Anwender kann als zusätzliche Direktanweisung den aktuellen Aufhänger oder wichtige Regiehinweise an die AI mitsenden.

Dieses Verfahren beschleunigt die Arbeit und sichert die Qualität der generierten Texte. Die Promptbibliothek erlaubt den Zugriff auf AI-Knowhow anderer Experten und Medienhäuser, ohne dass diese ihr Wissen explizit preisgeben müssen. GenAI ist damit in der Sharing Economy angekommen.

Effiziente Content-Workflows mit AI-Unterstützung einführen

KI-gestützte Tools ermöglichen es, aus zentralen Botschaften und vorbereiteten Formatbeschreibungen eine Vielzahl von Derivaten zu erstellen, die jeweils perfekt auf eine Plattform abgestimmt und auf die Zielgruppe personalisiert sind.

Von der Vorstandsansprache bis zum Social-Media-Post sind dabei effiziente Content-Workflows essenziell, um bei aller Automatisierung der Inhalteproduktion immer dann den Menschen einzubinden, wo er steuernde, entscheidende, korrigierende oder freigebende Funktionen wahrnimmt.

Die tägliche Informationsflut macht es für Menschen schwierig, überhaupt noch selbst relevante Inhalte zu identifizieren. Hier kommt die Prozessunterstützung durch KI ins Spiel: Sie transkribiert Meetings oder Interviews, fasst Recherchen prägnant zusammen und identifiziert zentrale Aussagen. Sie ist über Trends im Bilde und ruft uns mit Alerts auf den Plan, wenn es gilt, das kommunikative Ruder herumzureißen. So entfaltet die Arbeit von uns Kommunikatoren präziser Wirkung, da wichtige Details nicht mehr übersehen werden.

Der Ansatz der miteinander verwobenen Arbeitsabläufe zwischen KI und Mensch spart Zeit und sichert die Qualität. Denn bei aller Technikbegeisterung müssen wir sicherstellen, dass die

Ergebnisse mit GenAI nicht nur „cool" oder „ziemlich gut" sind, sondern zu 100 Prozent dem entsprechen, was unsere Unternehmen zu sagen haben und wie wir es sagen wollen.

Der entscheidende Unterschied zu herkömmlichen Prozess-Workflows ist, dass AI-Workflows nicht zwingend von Menschen auf den Plan gerufen werden müssen. Die besondere Kraft Künstlicher Intelligenz ist schließlich, uns Antworten auf Fragen zu liefern, die wir noch gar nicht gestellt haben. Das macht GenAI als Assistentin so wertvoll. Erkennt ein Algorithmus, dass mehrere Faktoren eingetreten sind, die einen Workflow zwischen Mensch und Maschine erforderlich machen, dann startet er ihn!

Journalisten-Service mit AI Chatbot verbessern

Essenziell für verbesserte Medienbeziehungen ist eine Steigerung der Reaktionsgeschwindigkeit von Pressestellen. Ein intelligenter Chat-Robot revolutioniert den Service für Journalisten über Nacht: Statt auf Rückrufe zu warten oder umfangreiche FAQs lesen zu müssen, erhalten Journalisten auf Ihrer Presse-Website rund um die Uhr schnelle, präzise Antworten auf ihre Fragen. AI könnte per E-Mail eingegangene Journalistenanfragen nach Themen clustern und daraus im Sinne von Predictive Communications eine Tag Cloud entwerfen. Im nächsten Schritt würde sie Antworten auf die Fragen heraussuchen. Die Schatztruhe für die Antworten besitzen Sie, wenn Sie meinen ersten Rat befolgt und sich eine One-Voice-Bibliothek aufgebaut haben. Und um die Kommunikation persönlicher zu gestalten, könnten automatisch Bezüge zu früheren Veröffentlichungen des Journalisten eingefügt werden.

Die Presseabteilung prüft die Entwürfe nur noch und konzentriert sich auf das Sprechen mit den Medien, das Pitchen von Stories und den weiteren Beziehungsaufbau.

Ich empfehle, dass der Bot (neben der üblichen salvatorischen Klausel, dass der Inhalt von KI erstellt ist und es keine 100-prozentige Garantie für die Richtigkeit gibt) abschließend immer an den Experten zu diesem Thema in der Presseabteilung verweist und anbietet, dass sich dieser bei nächster Gelegenheit beim Journalisten meldet. Das steigert die Akzeptanz einer solchen Automatisierung auf beiden Seiten des Schreibtisches und stellt die menschliche Komponente der Media Relations in den Vordergrund. Dennoch ist ein Chatbot als Ergänzung sinnvoll: Er reduziert Wartezeiten, steigert die Zufriedenheit und stärkt die Beziehung zu den Medienvertretern.

Was auf der Website bei einer einzigen Frage funktioniert, ist auch für telefonisch oder per E-Mail eingehende Bündel an Medienanfragen anwendbar. Hier kann zusätzlich ein Doublettenabgleich vorgenommen werden, um der Praxis mancher Journalisten Herr zu werden, ihre Anfragen im Minutentakt quer durchs Unternehmen zu streuen und auszuprobieren, ob sich das Unternehmen selbst widerspricht.

Außerdem kann als Nebenprodukt der AI-Bearbeitung von Medienanfragen einer Tagcloud entstehen, an der die Leitung der Kommunikationsabteilung erkennt, worauf sich aktuell die meisten Medienanfragen beziehen. So entsteht beinahe so etwas wie ein prädiktiver Medienspiegel für den nächsten Tag.

Hyper-Personalisierung in PR & Marketing vornehmen

Um Multiplikatoren und Zielgruppen gezielt anzusprechen, muss Kommunikation individuell auf deren Interessen zugeschnitten sein. GenAI ermöglicht eine präzise Analyse dieser Interessen. So können Botschaften zielgerichtet eingesetzt werden, um die Aufmerksamkeit zu wecken.

In der Presse- und Öffentlichkeitsarbeit bedeutet der Weg der Hyperpersonalisierung mit GenAI, einen maßgeschneiderten Dialog mit unseren Stakeholdern zu führen. Denn wir wissen doch: In der heutigen Kommunikationslandschaft ist die klassische Einweg-Kommunikation nach dem Prinzip „Sender an Empfänger" passé. Hyperpersonalisierung ermöglicht es PR-Profis, mit Journalisten nicht nur gezielt, sondern auf einer (nahezu) individuellen Ebene zu interagieren.

Das Prinzip ist simpel: Anstatt pauschale Pressemitteilungen zu versenden, analysieren PR-Teams mit Hilfe von GenAI die bisher geäußerten Interessen, Veröffentlichungen und sogar den Schreibstil der für dieses Unternehmen relevanten Top-Journalisten. Auf Basis jener Daten können die Multiplikatoren personalisiert angeschrieben werden. Sie erhalten ausschließlich Themen, die für sie und ihr Medium Sinn ergeben. Und sie erhalten ein Anschreiben, das sie persönlich anspricht, weil es „in ihrer Sprache" formuliert ist. Das festigt das Vertrauen in den Absender.

Beispielsweise könnten Datenanalysen aufzeigen, dass ein Journalist häufig über Technologie und gesellschaftliche Auswirkungen berichtet. Die PR-Abteilung könnte daraufhin eine Geschichte entwickeln, die den Fokus zum Beispiel auf ethische

Aspekte von KI legt – ein Thema, das klar auf den Interessen des Journalisten basiert. Diese Vorgehensweise macht die Ansprache nicht nur effektiver, sondern auch glaubwürdiger, da sie das individuelle Profil des Empfängers respektiert und darauf eingeht. Solche E-Mails oder Anrufe werden nicht als werblich, sondern nützlich angesehen.

Die Grenzen von Hyperpersonalisierung liegen jedoch in ihrer Umsetzung. Zu stark personalisierte Botschaften können Journalisten ein unbehagliches Gefühl geben, sie könnten sich "überwacht" fühlen, wenn sich der Eindruck aufdrängt, ihre Privatsphäre werde verletzt. PR-Fachleute müssen daher den schmalen Grat zwischen datenbasierter Präzision und ethisch einwandfreier Kommunikation finden. Gleichzeitig bietet die Methode eine Chance, tiefere Beziehungen zu Medienvertretern aufzubauen, indem sie den echten Wert einer Botschaft im Kontext herausarbeitet.

Während PR auf Journalisten und Influencer einwirkt, damit diese zu einer medialen Veröffentlichung bewegt werden, treibt Hyperpersonalisierung im Marketing die Individualisierung auf die Spitze. Moderne Technologien ermöglichen es, die Customer Journey jedes einzelnen Kunden so detailliert zu analysieren, dass Marketingstrategien auf "N=1" heruntergebrochen werden können – das bedeutet maßgeschneiderte Ansprache für jeden einzelnen Kunden. Diese Zielvorstellung der Hyperpersonalisierung kommt einer Individualisierung der Kommunikation gleich.

Content auf verschiedenste Zielgruppen in einem Ausmaß maßzuschneidern, das keine Kommunikationsabteilung ohne technische Unterstützung leisten könnte, macht einen großen Anteil am Potenzial von GenAI für unseren Berufsstand aus. Doch damit GenAI den hyperpersonalisierten Content erstellen kann, braucht es Wissen über die Kunden. Deshalb sind in Marketing und Kommunikation Stärken wie Emotional Intelligence, Empathie und Aktives Zuhören besonders gefragt.

Als Vorlage dient hierbei der E-Commerce-Bereich: Statt allgemeiner Produktempfehlungen erhalten Kunden dort heute schon Vorschläge, die exakt auf ihre Kaufhistorie, Browsing-Aktivitäten und sogar Verhaltensmuster abgestimmt sind. Eine Kundin, die kürzlich nach Laufbekleidung gesucht hat, wird nicht nur ein passendes Angebot für Laufschuhe erhalten, sondern auch eine Empfehlung für Trainingspläne oder Ernährungsprogramme – alles abgestimmt auf ihre vermutlichen Bedürfnisse.

Die technische Grundlage für eine weitere Hyperpersonalisierung im Marketing bilden KI-Algorithmen, die Muster in Echtzeit erkennen und anpassen können. Selbst die Wahl des Kommunikationskanals wird hyperpersonalisiert: Manche Kunden reagieren besser auf E-Mails, andere bevorzugen Social-Media-Ansprache oder personalisierte Anzeigen. Ziel ist es, eine so nahtlose und relevante Kommunikation zu schaffen, dass sich der Kunde optimal verstanden fühlt.

Doch auch hier gibt es Herausforderungen: Datenschutz und ethische Grenzen sind zentrale Themen. Unternehmen, die auf Hyperpersonalisierung setzen, müssen transparent kommunizieren, wie und warum Daten verwendet werden, um das Vertrauen ihrer Kunden zu bewahren. Wenn dies gelingt, wird aus Marketing keine bloße Werbung, sondern ein echter Mehrwert – ein Dialog, der exakt dort ansetzt, wo der Kunde augenblicklich steht.

A utomatisierte Berichterstattung für Routine-Themen etablieren

Bei Börsenberichten, kommunalen Wahlergebnissen und regionalen Sportereignissen haben wir uns schon daran gewöhnt, dass es Berichte gibt, die nicht Journalisten, sondern Algorithmen geschrieben haben. Je nach Datenlage findet die KI passende Formulierungen wie „Sprung nach vorne", „Kopf-an-Kopf-Rennen" oder „Heimsieg in letzter Minute". Der Vorteil einer automatisierten Berichterstattung dieser Sieger-Verlierer-Themen liegt darin, große Datenmengen in kleinste Informationseinheiten aufzuteilen, die jeweils nur für eine kleine Gruppe Leser interessant sind, und diese maschinell in Fließtext aufzubereiten.

Automatisierte Berichterstattung wird sich neben dem Einzug in die Medien „auf der anderen Seite des Schreibtischs" auch zu einem unverzichtbaren Bestandteil moderner PR-Arbeit entwickeln. Um dies zu realisieren, müssen Sie zunächst eine solide Dateninfrastruktur schaffen. Dazu gehört die Verknüpfung von internen und externen Datenquellen – etwa Echtzeit-Sensorik, Social-Media-Analysen oder Betriebsinformationen. Je besser die Datendomänen ihres Unternehmens organisiert sind, desto leichter fällt die Automatisierung von Berichten aus Produktion, Vertrieb, Finanz etc. Die gesammelten Daten müssen in einem zentralen System zusammengeführt werden, das sie automatisch verarbeitet und interpretiert und in Texte gießt.

In vielen Unternehmen findet bei den Datendomänen gerade ein Umdenken statt, eine Art Umkehr der Beweislast würde man als Jurist sagen. Früher musste jemand, der die Daten einer anderen Abteilung brauchte, dies ausführlich begründen. Heute ist es zeitgemäß, dass grundsätzlich alle Daten zur Verfügung stehen. Die datenhaltende Abteilung müsste begründen, warum sie davon abweichen will. Wenn Daten wirklich der Schatz des 21. Jahrhunderts sind, wie so oft beschworen. dann gehört dieser Schatz dem Unternehmen und nicht einzelnen Abteilungen!

Ein praktisches Beispiel aus dem öffentlichen Sektor: Bei einem Zugausfall könnten KI-Systeme Daten aus dem Bahnbetrieb, Fahrgastinformationen und Wettervorhersagen analysieren, um in Sekundenschnelle eine präzise Mitteilung zu erstellen. Diese Mitteilung könnte direkt an verschiedene Kanäle ausgespielt werden, von Social Media bis zu individuellen Push-Benachrichtigungen, und dies in einer für die Zielgruppe jeweils angepassten Sprache. Durch die Automatisierung wird die Kommunikation nicht nur schnell und konsistent, sondern auch personalisiert.

Ein weiterer Schritt für die Einführung einer solchen automatisierten Berichterstattung ist der Aufbau eines „Content-Baukastens". Denn Sie wollen es vermutlich nicht zu hundert Prozent GenAI überlassen, wie eine automatisierte Meldung aufgebaut ist. Daher empfehlen sich vorgefertigte Textmodule, die flexibel mit Echtzeitdaten kombiniert werden können. So lassen sich auch komplexe Situationen effizient und verständlich kommunizieren.

Schließlich ist es entscheidend, den menschlichen Faktor nicht zu vernachlässigen. Automatisierte Systeme sollten so gestaltet sein, dass sie von PR-Teams überwacht und bei Bedarf angepasst werden können. Gerade in sensiblen Krisensituationen ist es wichtig, dass die Automatisierung ethische Standards einhält und keine missverständlichen oder unangemessenen Botschaften verbreitet. Eine Balance aus KI-Effizienz und menschlichem Feingefühl garantiert, dass automatisierte Berichterstattung nicht nur technisch funktioniert, sondern auch strategisch klug eingesetzt wird.

Automatisierte Asset-Produktion einführen

Das rasante Tempo, das uns die sozialen Medien auferlegen, erfordert von Unternehmen eine stetige und zielgerichtete Content-Produktion. Künstliche Intelligenz (KI) spielt hierbei eine entscheidende Rolle, indem sie die automatisierte Erstellung von Assets wie Bildern, Videos oder Audioclips ermöglicht. Dieser technologische Fortschritt steigert nicht nur die Effizienz der Content-Produktion, sondern erhöht auch die Fähigkeit, während laufender Kampagnen in Echtzeit auf aktuelle Trends zu reagieren. Die Fähigkeit von KI, Inhalte in Echtzeit an aktuelle Entwicklungen anzupassen, ist besonders wertvoll. Durch die Analyse von Nutzerverhalten und aktuellen Themen kann KI den Content dynamisch gestalten, um maximale Relevanz und Engagement zu erzielen. Dies führt zu einer erhöhten Reaktionsfähigkeit und ermöglicht, Zielgruppen effektiver anzusprechen.

Im Asset Management der Zukunft werden Textinhalte automatisiert mit passenden visuellen und auditiven Medien hinterlegt. Fotos, Videos und Audiodateien sind damit exakt auf die

Textbotschaften abgestimmt, wodurch ein kohärentes und ansprechendes Nutzererlebnis entsteht.

Die beiden großen Anbieter für AI-Videoavatare sind **HeyGen** und **Synthesia**. Beide haben lebensechte Avatare im Angebot, für die Schauspieler Pate standen. Für rund 1.000 US-Dollar im Jahr lässt sich sogar aus eigenem Studiomaterial ein Avatar erzeugen, der die Stimme und das Aussehen seines Besitzers hat. Nutzer können Textskripte eingeben, die von realistisch wirkenden Avataren in über 60 Sprachen präsentiert werden. Dies erleichtert die Produktion von Schulungs- und Marketingvideos erheblich und sorgt für eine konsistente Vermittlung der gewünschten Botschaften. Auf Knopfdruck können bestehende Videos lippensynchron für internationale Fasssungen umvertont werden.

Der Online-Schuhhandel Zalando oder das Online-Versandhaus Otto Group waren unter den ersten Händlern, die ihre Produkte mit Hilfe künstlicher Models der Öffentlichkeit präsentierten. Neue Outfits, beliebige Hintergründe, kein Stress mit hochdotierten, im Zweifel eigenwilligen Models, keine Reisekosten, kein Zeitdruck am Set. Zunächst ließ man die Mode beim Fotografieren noch von menschlichen Body Models tragen und ersetzte später in der Postproduktion die Köpfe durch Avatare, weil die KI Kleidung und Körper noch nicht perfekt miteinander harmonieren ließ. Das spanische Modelabel Mango ging 2024 den nächsten Schritt und ließ für ihre jugendliche Sunset Dream Collection ein komplett von GenAI erzeugtes Model auftreten. 72 Prozent der Kunden haben den Fake gar nicht erkannt, ergab eine Umfrage des Marktforschungsinstituts Appinio während der laufenden Kampagne.

Für eine barrierefreie Kommunikation lassen sich Avatare nutzen, die Gebärdensprache beherrschen. Sechs mittelständische Partner in Deutschland haben von 2020 bis 2023 das Projekt **AVASAG** durchgeführt, um die rund 70 Million tauben Menschen weltweit in digitale visuelle Kommunikation stärker einzubeziehen.

KI-gestützte Tools wie **Flick** oder **JasperAI** erleichtern die Erstellung von Social-Media-Inhalten erheblich. Damit können Nutzer unter anderem personalisierte und markengerechte Untertitel für ihre Beiträge erstellen, wodurch der Aufwand für die Content-Erstellung ebenfalls deutlich reduziert wird.

Im audiovisuellen Bereich bietet **Elevenlabs** natürlich klingende Sprachsynthese dank Deep Learning. Die Plattform ermöglicht die Umwandlung von Text in hochwertige, menschenähnliche Sprache in 32 Sprachen, was sie ideal für Anwendungen wie Hörbücher, Video-Sprachaufnahmen und Werbespots macht. Ein herausragendes Merkmal von ElevenLabs ist die Fähigkeit zur Stimmgestaltung. Nutzer können einzigartige Stimmen allein durch Texteingaben generieren, wodurch eine breite Palette von Stimmcharakteristiken für verschiedene Anwendungen zur Verfügung steht. Zudem bietet ElevenLabs die Möglichkeit des Voice-Clonings. Man braucht als Trainingsdaten nur mindestens 30 Minuten langes Audiomaterial von der eigenen Stimme hochzuladen und muss anschließend in einem Live-Test beweisen, dass es sich um die eigene Stimme handelt. Dies erlaubt es, ganze Bücher mit der eigenen Stimme zu Hörbüchern umwandeln zu lassen oder mehrsprachiges Audiomaterial zu in Sprachen zu produzieren, die man selbst nicht einmal beherrscht. Ein weiteres Feature von Elevenlabs sind Soundeffekte, die aus beschreibenden Texteingaben entstehen.

Audiate wiederum ermöglicht umgekehrt die Bearbeitung von Audio- und Videoinhalten auf textbasierter Ebene, indem es gesprochene Worte in Text umwandelt. Dadurch können Nutzer ihre Aufnahmen effizient bearbeiten und die Audioinhalte präzise auf die Texte abstimmen.

Ein weiteres Tool ist **Predis.ai**, ein kostenloser KI-Social-Media-Post-Generator. Mit Predis.ai können Nutzer beeindruckende

Social-Media-Beiträge generieren, indem sie einfache Eingaben machen und die KI die kreative Arbeit übernimmt. Dies ermöglicht es, Social-Media-Kanäle effizient mit qualitativ hochwertigen Inhalten zu füllen. Allerdings erkennen die meisten User diesen GenAI Content an ihrem typischen Aufbau und der Tatsache, dass es eben kein Gedanke eines Menschen mit Ecken und Kanten, sondern ein feingeschliffener und letztlich austauschbarer Text ist – weil versucht wird, mit wenig Input aufwandsarm Output zu erzeugen.

GenAI besitzt Potenzial, das Asset Management grundlegend zu transformieren. Durch die automatisierte Erstellung und Anpassung von Fotos, Videos und Audiodateien, die perfekt auf die jeweiligen Textinhalte abgestimmt sind, können Unternehmen konsistente und ansprechende Multimedia-Erlebnisse schaffen.

KI-gestützte Bild- und Videobearbeitungstools können Fotos und Videos automatisch an spezifische Anforderungen anpassen, indem sie beispielsweise Hintergründe ändern oder bestimmte visuelle Effekte hinzufügen. Dies ermöglicht es Unternehmen, ihre visuellen Inhalte flexibel und effizient an verschiedene Kampagnen oder Plattformen anzupassen. Sie können dadurch nicht nur die Effizienz steigern, sondern Inhalte auch präzise auf die Bedürfnisse und Interessen der Zielgruppen zuschneiden. Dies führt zu einer verbesserten Markenwahrnehmung und stärkt die Bindung zu den Stakeholdern.

Performance- und Sentiment-Analysen
in Echtzeit durchführen

Die Erfolgsmessung in der Unternehmenskommunikation hat durch den Einsatz von Künstlicher Intelligenz (KI) eine neue Dimension erreicht. Media Intelligence Agenturen wie Altastic stehen an der Spitze dieser Entwicklung und demonstrieren, wie KI im Media Monitoring und in der Analyse transformative Veränderungen bewirken kann. Mit KI-gestützten Dashboards werden Leistungskennzahlen (KPIs) wie Reichweite, Engagement und Tonalität in Echtzeit angezeigt und können so überwacht und nachgehalten werden. Datenbasierte Steuerung ermöglicht es, Ressourcen gezielt einzusetzen und den Erfolg kontinuierlich zu optimieren.

Dank KI können täglich mehrere Hunderttausend crossmediale Treffer aus den weltweiten Medien analysiert werden. Gegenüber der früheren Limitierung auf ein repräsentatives Media Set kommt der neue Ansatz einer Vollerhebung gleich. Zusätzlich hat Altastic ein Auge auf Fernsehen, Radio, Podcasts und hat Social Media zur besseren Vergleichbarkeit vollständig in dieses Setup integriert.

AI-basiertes Medienmonitoring arbeitet mit semantischer Vektorisierung, das heißt einer formulierungs- und sprachunabhängigen Verortung von Begriffen im Bedeutungsraum sowie mit der automatischen Erkennung von Entitäten wie Institutionen, Objekten oder Personen. Markenlogos, Gesichter, Schrifteinblendungen, Tonalität werden automatisch erkannt und zugeordnet, Audio wird transkribiert, Social Media integriert. All das erlaubt verfeinerte Analysen bis hin zur Frage, welches Pressefoto in welchem Format häufiger von den Medien übernommen wurde, um die nächste Assetproduktion bedarfsgerecht zu optimieren. Künftig wird der Erfolg einer Kommunikationsabteilung sicher nicht mehr an der Zahl der verschickten Pressemitteilungen oder der mit ihnen erzielten Reichweite gemessen, sondern vor allem am Grad der Botschaftendurchdringung in den Medien und dem damit verbundenen Sentiment.

Die Sentiment-Analyse spielt auch beim Beobachten allgemeiner Kanäle, beim sogenannten Listening, eine Rolle. KI-basierte Sentiment-Analysen ermöglichen es, die Stimmung in sozialen Netzwerken und anderen Kanälen in Echtzeit zu überwachen. Unternehmen können so Trends frühzeitig erkennen, potenzielle Krisen verhindern und gezielt auf negative Entwicklungen reagieren, bevor sie eskalieren. Dies ist besonders wertvoll, um die öffentliche Meinung zu verstehen und entsprechend zu handeln. Dabei ist die Echtzeitfähigkeit der Analysen ausschlaggebend. Die Fähigkeit, große Datenmengen in Echtzeit zu verarbeiten und zu interpretieren, ermöglicht es Unternehmen, fundierte datenbasierte Entscheidungen zu treffen. Kommunikatoren können damit sofort auf Veränderungen in der öffentlichen Wahrnehmung reagieren, was eine proaktive statt reaktive Kommunikationsstrategie ermöglicht. Dies führt zu einer stärkeren Markenwahrnehmung und erhöhten Kundenbindung, da Unternehmen in der Lage sind, auf die Bedürfnisse und Stimmungen ihrer Zielgruppen einzugehen.

Outside-in Impulse wahrnehmen und mit eigenen Vorhaben matchen

Ein fundamentaler Perspektivwechsel kann durch Künstliche Intelligenz beschleunigt werden, wenn Unternehmen sich nicht mehr als Sender begreifen, die inside-out ihre Botschaften verbreiten, sondern als Teilnehmer eines Dialogs. Denn das zwingt sie, besser zuzuhören, Outside-in Impulse aufzunehmen und zu ordnen und als Aufhänger für einen Beitrag zur öffentlichen Debatte zu nutzen. Je mehr Daten über das kommunikative Umfeld analysiert werden, desto klarer werden die Risiken und Chancen, mitzudiskutieren und andere Aspekte zur Diskussion zu stellen.

Die Nutzung von GenAI gewinnt auch an Bedeutung für das sogenannte "Agenda Surfing". Dieser Ansatz ermöglicht es Unternehmen, aktuelle öffentliche Debatten und Trends zu identifizieren und ihre Kommunikation entsprechend anzupassen. Durch den Einsatz von GenAI können Kommunikatoren die öffentliche Agenda analysieren und wertvolle Outside-in-Impulse erhalten, um den optimalen Zeitpunkt und den passenden Ansatz für ihre Botschaften zu bestimmen.

Dazu werden große Datenmengen aus verschiedenen Quellen wie sozialen Medien, Nachrichtenportalen und Foren in Echtzeit analysiert. Durch die Identifizierung von Schlüsselthemen und Stimmungen innerhalb der Zielgruppe können Unternehmen ihre

Kommunikationsinhalte präzise auf die aktuellen Interessen und Bedürfnisse abstimmen. Dies erhöht die Wahrscheinlichkeit, dass die Botschaften auf Resonanz stoßen und die gewünschte Wirkung erzielen.

Ein praktisches Beispiel für den Einsatz von GenAI im Agenda Surfing ist die Nutzung KI-gestützter Monitoring-Tools, die im „Listening" kontinuierlich das Medienumfeld überwachen und relevante Themen sowie aufkommende Trends identifizieren. Diese Tools können Unternehmen dabei unterstützen, proaktiv auf Veränderungen in der öffentlichen Meinung zu reagieren. Darüber hinaus kann GenAI dazu beitragen, potenzielle Krisen frühzeitig zu erkennen, indem sie negative Stimmungen oder kritische Diskussionen in den Medien aufspürt. Dies ermöglicht es Unternehmen, rechtzeitig Gegenmaßnahmen zu ergreifen, um Reputationsschäden zu vermeiden.

In einem Pilotprojekt der **Deutschen Presse-Agentur** (dpa) mit YessPress® wurde der mit GenAI automatisierte Abgleich von rund 10.000 aktuellen Events aus Politik, Wirtschaft und Gesellschaft sowie internationalen Jahrestagen mit geplanten Maßnahmen der Unternehmenskommunikation realisiert. Passende Ereignisse, die den Erfolg steigern könnten, fallen sofort ins Auge. Ebenso störende Pressetermine, die mediale Aufmerksamkeit abziehen würden.

Der Einsatz von GenAI für Outside-in-Impulse in der Unternehmenskommunikation ermöglicht es, aktuelle öffentliche Debatten und Trends effektiv zu nutzen. Die wertvollen Outside-in-Impulse versetzen Kommunikatoren in die Lage, den richtigen Zeitpunkt und den passenden Story Angle für ihre Inhalte zu wählen, um maximale Resonanz zu erzielen.

C Content durch KI optimieren lassen

In der digitalen Kommunikation wird es zunehmend wichtig, Inhalte nicht nur für menschliche Leser, sondern auch für Künstliche Intelligenz zu optimieren. Ähnlich wie bei der Optimierung von Texten für Suchmaschinen wie Google oder Bing (SEO) zielt die Generative Engine Optimization (GEO) darauf ab, Informationen so zu strukturieren und zu präsentieren, dass sie von Algorithmen leicht erkannt, interpretiert und weiterverarbeitet werden können. Dies ist entscheidend, um sicherzustellen, dass Botschaften in der digitalen Welt auffindbar und effektiv sind.

Eine klare und logische Strukturierung der Inhalte ist hierbei essenziell. Durch den Einsatz von Überschriften, Absätzen und Listen (zum Beispiel mit Vor- und Nachteilen eines Themas) können Informationen hierarchisch geordnet und somit für KI-Systeme leichter zugänglich gemacht werden. Zudem sollten Metadaten wie Titel, Beschreibungen und Schlagwörter sorgfältig ausgewählt werden, um den Kontext und die Relevanz des Inhalts zu unterstreichen. Die Verwendung von standardisierten Datenformaten und semantischen Markups kann ebenfalls dazu beitragen, dass KI-Algorithmen den Inhalt besser verstehen, zuordnen und verarbeiten können.

Darüber hinaus spielt die Qualität des Inhalts eine entscheidende Rolle. KI-Systeme sind zunehmend in der Lage, die Relevanz und Authentizität von Informationen zu bewerten. Daher ist es wichtig, präzise, aktuelle und vertrauenswürdige Informationen bereitzustellen. Die Einbindung von Quellenangaben und weiterführenden Links kann die Glaubwürdigkeit erhöhen und gleichzeitig den Mehrwert für den Nutzer steigern. Durch die Optimierung von Inhalten für KI wird nicht nur die Sichtbarkeit in digitalen Kanälen verbessert, sondern auch die Effektivität der Kommunikation gesteigert.

Zusammengefasst sollen Unternehmens-Botschaften in der neuen Welt der KI-Assistenten auffindbar sein. Content kann dafür ähnlich wie bei der Suchmaschinenoptimierung auch für KI optimiert werden. Informationen müssen dazu möglichst gut strukturiert sein, damit sie von Algorithmen leicht erkannt, interpretiert und weiterverarbeitet werden können.

Doch es geht noch weiter: Journalistische Schreibregeln, einschließlich der berühmten Lehrsätze des verstorbenen Journalisten Wolf Schneider, Suchmaschinen-Optimier-Regeln, Hausschreibweisen von Unternehmen und der Styleguide bzw. Tone of Voice des jeweiligen Absenders sollten (in der richtigen Reihenfolge, damit die Hausregeln „das letzte Wort haben") über automatisierte Content-Optimierungsschleifen Texte überprüfen und Korrekturvorschläge machen (gerne auch ausführen). GenAi prüft dabei alles – maschinell wie manuell erstellte Texte –, um einen einheitlichen Qualitätsstandard sicherzustellen.

Maßgeschneiderte Individualschulungen für Kommunikatoren dank AI

Vorstände, Fachexperten, Pressesprecher – ihnen allen tut es gut, Medieninterviews zu üben und dabei unterschiedlichste Situationen und Fähigkeiten zu üben. Wie reagiere ich auf unangenehme Fragen? Wie vermittle ich unabhängig von den Fragen meine Kernbotschaften? Was mache ich mit Provokation und wo muss ich einen klaren Cut machen? Wie antworte ich so, dass ich kompetent und sympathisch zugleich wirke? Dazu ist es üblich, sich Medientrainer ins Haus zu holen, die selbst als Moderator, Reporter oder früherer Unternehmenssprecher ausreichend Erfahrung mit Interviews, Interviewern und Interviewten gesammelt haben.

Doch Zeitaufwand und Kosten stehen meist regelmäßigen Trainings im Weg. Da wäre es ganz schön praktisch, sich zwischendrin von einem virtuellen Journalisten übungshalber befragen zu lassen. Mit dem Berliner Start-up **cuinti** habe ich vor kurzem einen AI-Interviewtrainer realisiert. Der Benutzer wählt ein Themengebiet, eine Sprache, ein Medium und den gewünschten Schwierigkeitsgrad aus und lässt sich dann telefonisch interviewen. Der Gesprächsverlauf mit diesem virtuellen Journalisten ist nicht vorher geplant und hängt sehr stark von meinen Antworten ab.

Kaum aufgelegt, erscheint schon das Ergebnis in Form einer detaillierten Analyse am Schirm: Wie stark war ich auf der Beziehungsebene? Habe ich mein Gegenüber beim Namen angesprochen, mich auch einmal persönlich ausgetauscht, bevor es losging? Gehe ich auf mein Gegenüber ein? War ich geduldig genug? Wo habe ich eine Chance verpasst? Habe ich meine Botschaften drauf? Und wie war mein Sprachstil, gerade in einer Fremdsprache?

Wichtig ist, dass eine solche Analyse ausschließlich der trainierten Person zum Download bereitsteht und sofort gelöscht wird. Dann kann so ein detaillierter Bericht nach der simulierten Interviewsituation eine gute Grundlage für das nächste persönliche Training sein.

Wissen zu vermitteln ist in einer Zeit rasanter Veränderungen wichtiger denn je. Nur so können auch wir Kommunikatoren up-to-date bleiben und unser Skillset stetig erweitern. Kombiniert man die Möglichkeiten von GenAI, entstehen maßgeschneiderte Individualschullungen:

- namentlich angesprochen werden
- zu Themengebieten, die mich interessieren
- mit Beispielen, die mich persönlich ansprechen
- mit Avataren, die ich mir ausgesucht habe, oder die Personen aus meinem beruflichen Umfeld verkörpern
- in einer Sprache, in der ich gerade trainieren möchte
- schneller, wenn ich stark, langsamer, wenn ich schwach bin
- zeitlich völlig flexibel, jederzeit unterbrechbar

Kommunikatoren profitieren von maßgeschneiderten Trainings, die mit Hilfe von KI entwickelt werden. Die KI passt sich dabei an die individuellen Stärken und Schwächen der Teilnehmenden an und bietet ein personalisiertes Lernerlebnis, das nachhaltig wirkt.

D a GenAI eine enorme Transformation bedeutet, will das Team trainiert werden

Wenn wir im vorigen Abschnitt schon über den Nutzen für die Aus- , Fort- und Weiterbildung von Kommunikatoren allgemein gesprochen haben, sollten wir eines nicht vergessen: GenAI kam, sah und siegte. Damit unsere Teams sich nicht verloren fühlen und wir sicher gehen, dass sie die neue Technologie auch im Sinne des Unternehmens (einschließlich der Abteilungen IT, Informationssicherheit, Recht, und des Betriebsrates) einsetzen, gehört GenAI auf den Stundenplan!

Allgemeines Wissen über Chancen und Risiken Künstlicher Intelligenz und ethische Fragen gehören dazu ebenso wie der konkrete Einsatz in Ihrer PR- oder Marketingabteilung. Welche Tools setzen wir wie ein, wie kennzeichnen wir AI-generierte Beiträge und was gilt es noch zu beachten? Da GenAI ein junges Technologiefeld ist, gilt es die Schulungen laufend zu aktualisieren.

Menschen ohne tiefere Programmierkenntnisse glauben oft, ihnen fehle dies als Schlüsselqualifikation für einen professionellen Einsatz von GenAI, der in die Tiefe geht. Die wichtigste Kompetenz – und dies gilt für alle Branchen –, die selbst ein Advanced User generativer KI mitbringen sollte – ist seine eigene Fachkompetenz, in unserem Fall also ein tiefes Verständnis von

Pressearbeit oder Marketing. Diese beruhigende Erkenntnis hat schon viele Besucher von Vorträgen und Workshops ins Staunen versetzt.

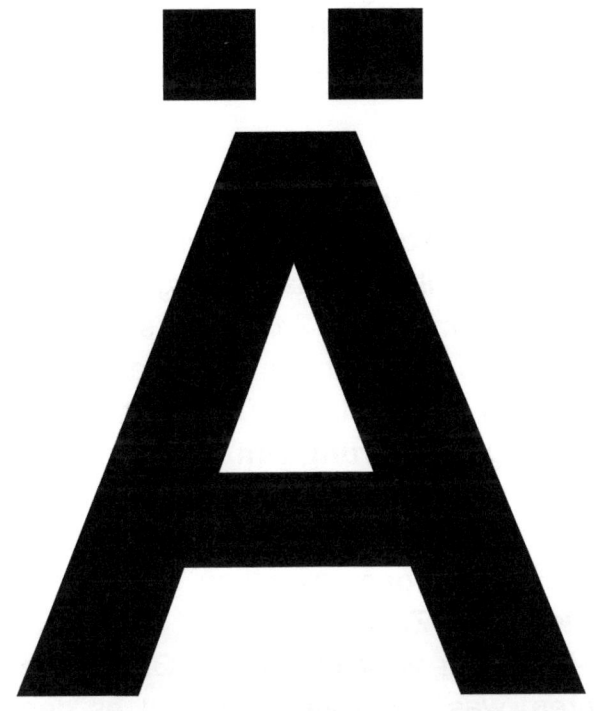Ängste im Team ernst nehmen und gemeinsam besprechen. Die Einführung von KI darf kein Geheimprojekt sein. Der Erfolg liegt schlicht und einfach in der Partizipation der Betroffenen an der Gestaltung ihrer Zukunft. Es ist mit einer Reihe unterschiedlich motivierter Bedenken gegenüber GenAI zu rechnen. Welche das sind und wie sie damit umgehen, darum geht es hier im zweiten Kapitel. Mit Widerständen lässt sich am besten umgehen, wenn man ernsthaft versucht, die Motivation dahinter zu verstehen. Von der eigenen wirtschaftlichen Existenz über das eigene Berufsverständnis bis zu generellen Fragen reichen die Auslöser für meist sehr gut nachvollziehbare Ängste. Ich behandle die folgenden ausführlicher:

- Verlust von Arbeitsplätzen
- Qualitätsverlust in der Kommunikation
- Mangelnde Kontrolle über den Kommunikationsprozess
- Datenschutzbedenken
- Widerstand gegen Veränderung

Dabei sei noch anzumerken, dass die geäußerten Ängste nicht immer mit den empfundenen Ängsten übereinstimmen müssen. Diese Diskrepanz kann auf verschiedene psychologische Mechanismen zurückgeführt werden.

Ein zentraler Aspekt ist die **Selbstpräsentation**: Menschen neigen dazu, ihre wahren Gefühle zu verbergen oder zu modifizieren, um den Erwartungen ihrer sozialen Umgebung zu entsprechen oder um ein bestimmtes Bild von sich selbst zu vermitteln. Dieses Verhalten kann dazu führen, dass geäußerte Ängste nicht mit den tatsächlich empfundenen übereinstimmen. **Soziale Erwünschtheit** und **Stigmatisierung von Gegnern** kann dazu führen, dass Individuen bestimmte Ängste nicht offen kommunizieren, aus Angst vor negativer Bewertung oder Ablehnung. Dies verstärkt die Diskrepanz zwischen geäußerten und empfundenen Ängsten. Ist Zustimmung zu KI sozial erwünscht, spielen Team-Mitglieder vielleicht an der Oberfläche mit. Um wirklich zu erfahren, was sie bewegt, braucht es den Raum für Offenheit.

Ein weiterer relevanter Mechanismus ist die **kognitive Dissonanz**. Wenn Individuen Gedanken oder Gefühle haben, die im Widerspruch zu ihrem Selbstbild oder ihren Überzeugungen stehen, kann dies Unbehagen verursachen. Um dieses Unbehagen zu reduzieren, könnten sie ihre geäußerten Ängste anpassen, sodass sie besser mit ihrem Selbstbild oder den sozialen Normen übereinstimmen.

Zudem spielt die **emotionale Bewusstheit** eine Rolle. Manche Menschen sind sich ihrer eigenen Ängste nicht vollständig bewusst oder haben Schwierigkeiten, diese klar zu identifizieren und auszudrücken. Dies kann dazu führen, dass die geäußerten

Ängste nicht die tatsächlichen inneren Empfindungen widerspiegeln. Bei GenAI handelt es sich um ein neues Thema, das viele nur aus Science Fiction Romanen kennen. Plötzlich tritt „Kollege Computer" wirklich auf den Plan.

Das Verständnis dieser Mechanismen ist entscheidend, um die Komplexität menschlicher Emotionen und Ausdrucksweisen zu erfassen und angemessen darauf reagieren zu können.

Verlust des eigenen Arbeitsplatzes als existenzielle Angst im Team

Die Integration von Künstlicher Intelligenz (KI) in Unternehmen weckt aktuell in vielen Unternehmen zum Teil begründete Befürchtungen hinsichtlich des Verlusts von Arbeitsplätzen. Mitarbeiter sorgen sich, dass automatisierte Systeme ihre Aufgaben übernehmen und sie dadurch überflüssig werden könnten. Diese Ängste sind verständlich, doch es ist wichtig zu betonen, dass KI in vielen Fällen als unterstützendes Werkzeug dient, das repetitive und monotone Aufgaben übernimmt. Dadurch wird den Mitarbeitern mehr Raum für strategische, kreative und komplexe Tätigkeiten gegeben, die menschliches Urteilsvermögen und Einfühlungsvermögen erfordern.

Ein Beispiel hierfür ist die Anwendung von KI im Kundenservice. Automatisierte Chatbots können häufig gestellte Fragen beantworten und einfache Probleme lösen, wodurch menschliche Mitarbeiter entlastet werden. Diese können sich dann auf anspruchsvollere Kundenanliegen im Second Level Support konzentrieren, die personalisierte Lösungen erfordern. Durch diese Arbeitsteilung wird nicht nur die Effizienz gesteigert, sondern auch die Arbeitszufriedenheit der Mitarbeiter erhöht, da sie sich auf herausfordernde und erfüllende Aufgaben fokussieren können.

Zudem eröffnet der Einsatz von KI neue Berufsfelder und Tätigkeitsbereiche. Es entsteht ein Bedarf an Fachkräften, die KI-Systeme entwickeln, implementieren und überwachen. Weiterhin sind Experten gefragt, die die Zusammenarbeit zwischen Mensch und Maschine optimieren und ethische sowie rechtliche Aspekte berücksichtigen. Durch entsprechende Weiterbildungsmaßnahmen können Mitarbeiter ihre Kompetenzen erweitern und sich für diese neuen Rollen qualifizieren.

Welche typischen Eigenschaften bleiben in PR & Marketing gefragt, weil sie keine KI ersetzen kann? Lange trösteten wir uns mit dem Gedanken, dass KI ja nur etwas reproduziere, was schon existiere, und nicht etwas Neues schaffe. Doch GenAI lässt sich eine gewisse Art der Kreativität nicht mehr abstreiten. Muss uns das Angst machen? Müssen wir GenAI als Jobkiller fürchten? Die kurze Antwort könnte provokativ sogar lauten: Ja!

Und hier die ausführlichere: Wer glaubt, GenAI sei ein temporäres Phänomen, das wir ignorieren könnten, der irrt sich. Wer sich nicht mit der Technologie und den neuen Möglichkeiten befasst, dem fehlen in Zukunft Kompetenzen, um im Job bestehen zu können. Vergleichbar mit Innovationen wie der Schreibmaschine, dem Telefon, dem Internet. Undenkbar, dass wir uns heute noch mit handgeschriebenen Briefen auf dem Laufen hielten.

Neben der Generierung von Medieninhalten kann GenAI auch weitaus komplexere Ansätze unterstützen und übernehmen als nur die viel zitierten „repetitiven Aufgaben" . Das wirft die Frage auf, ob sich GenAI zum klassischen Persönlichkeitstyp einer Unternehmenskommunikation komplementär oder substituierend verhält. Geht man davon aus, dass Kommunikationsprofis im Durchschnitt eher kreativ, künstlerisch und kommunikativ sind, so sind strukturelles Denken, Analyse, Gründlichkeit, Wiederholung bis zur Perfektion eher schwächer ausgeprägte Klischeezuschreibungen zu diesem Berufsbild. Das spricht klar dafür, dass GenAI Kommunikatoren sehr gut ergänzen und nicht unbedingt ersetzen kann. Für den Augenblick zumindest.

Auch die Frage, ob GenAI Kommunikatoren dadurch überflüssig machen könnte, dass andere Abteilungen mit ihr über Nacht neue Kommunikationsfähigkeiten erlangt haben, kann man – momentan – verneinen. Wer die Governance über die Kommunikation eines Unternehmens wahrnimmt, sollte sich freuen, eine neue Qualität der Zusammenarbeit zu erleben, nämlich wenn AI die Dinge „durchdenkt", und vorbereitet, entstehen künftig bessere Briefings der Fachabteilungen. Vielleicht wird es bald GPT-Vorlagen für Nicht-Kommunikatoren geben, damit die KI bei ihnen dialoghaft recherchieren kann?

Klar, die Jobprofile werden sich massiv ändern. Der klassische Redenschreiber wird vielleicht Botschaftenmanager. Der klassische Illustrator wird vielleicht AIAD-Experte. Die klassische Autorin wird vielleicht Endredakteurin. Und im Idealfall begegnen wir dem

Fachkräftemangel mit KI-Lösungen. KI soll Geld und Zeit sparen, die Qualität erhöhen und die Unabhängigkeit (von Beratern oder Agenturen) steigern. Gleichzeitig müssen wir uns vor Augen führen, dass GenAI ein Wettrüsten zwischen Medien und Kommunikationsabteilungen ausgelöst hat. Wirtschaftsjournalisten und Analysten nutzen KI stark, um Informationen aus der Wirtschaft auf den Grund zu gehen. Das wird unvermeidlich dazu führen, dass Unternehmen ihre Finanz- und Krisenkommunikation ausbauen müssen.

In anderen Worten braucht niemand Angst vor GenAI als Jobkiller zu haben. Die Technologie wird die massivste Transformation der Kommunikationsarbeit aller Zeiten auslösen. Richtig genutzt, ist sie ein starkes Werkzeug. Es ist daher entscheidend, eine offene Kommunikation über die Einführung von KI im Unternehmen zu führen. Mitarbeiter sollten in den Veränderungsprozess einbezogen und über die Vorteile und Chancen informiert werden. Durch Transparenz und Schulungen kann das Vertrauen in die Technologie gestärkt und die Akzeptanz gefördert werden. So wird KI nicht als Bedrohung, sondern als Chance für persönliches und berufliches Wachstum wahrgenommen.

Qualitätsverlust als Gegen- argument zu GenAI

KI als neue Kollegin wird mit Argusaugen beobachtet werden, ihre Fehler werden besonders kritisch gewertet werden. Hier sind Quick-wins wichtig, die demonstrieren, wie KI qualitativ hochwertige und zielgerichtete Inhalte generieren kann.

Die Einführung von KI in die Unternehmenskommunikation wird oft mit Skepsis betrachtet, insbesondere hinsichtlich der Qualität der generierten Inhalte. Es besteht die Sorge, dass automatisierte Texte oder Antworten nicht das gleiche Niveau an Präzision und Kreativität erreichen wie menschliche Beiträge. Um diesen Bedenken zu begegnen, ist es wichtig, die Leistungsfähigkeit moderner KI-Systeme hervorzuheben und durch konkrete Beispiele deren Potenzial zu demonstrieren.

KI-gestützte Tools können dabei helfen, große Datenmengen zu analysieren und daraus relevante Informationen für die Kommunikation abzuleiten. Sie sind in der Lage, personalisierte Inhalte zu erstellen, die auf die Bedürfnisse und Interessen der Zielgruppe zugeschnitten sind. Durch die Automatisierung von Routineaufgaben wird zudem die Effizienz gesteigert, sodass menschliche Mitarbeiter mehr Zeit für kreative und strategische Tätigkeiten haben.

Um die Qualität der KI-generierten Inhalte sicherzustellen, ist es wichtig, klare Richtlinien und Standards zu definieren.

Menschliche Überwachung und regelmäßige Qualitätskontrollen sind unerlässlich, um sicherzustellen, dass die Botschaften den Unternehmenswerten entsprechen und korrekt sind. Durch ein Zusammenspiel von KI und menschlicher Expertise kann eine hohe Qualität in der Kommunikation gewährleistet werden.

Ein weiterer Aspekt ist die kontinuierliche Verbesserung der KI-Systeme durch Feedback und Lernen. Je mehr Daten und Rückmeldungen die KI erhält, desto besser kann sie ihre Leistungen anpassen und optimieren. Daher sollten Unternehmen Mechanismen implementieren, die es ermöglichen, Erfahrungen und Erkenntnisse in die Weiterentwicklung der KI einfließen zu lassen.

Mangelnde Kontrolle über den Kommunikationsprozess

Die Einführung von KI in Kommunikationsprozesse kann bei Mitarbeitern die Befürchtung hervorrufen, die Kontrolle über wichtige Abläufe zu verlieren. Es entsteht die Angst, dass automatisierte Systeme eigenständig Entscheidungen treffen, ohne menschliches Eingreifen oder Überwachung.

In der Praxis bedeutet dies, dass KI-Systeme Aufgaben wie Datenanalyse, Mustererkennung oder die Erstellung von Entwürfen übernehmen können, während die endgültige Entscheidung und Feinabstimmung weiterhin in menschlicher Hand liegen. Diese Arbeitsteilung ermöglicht es, die Effizienz zu steigern, ohne die Kontrolle über den Kommunikationsprozess zu verlieren. Menschliche Expertise bleibt unerlässlich, um Kontext,

Nuancen und ethische Überlegungen in die Kommunikation einzubringen.

Um das Vertrauen in KI-gestützte Prozesse zu stärken, sollten Unternehmen transparente Arbeitsabläufe etablieren, bei denen klar definiert ist, welche Aufgaben von der KI und welche von Menschen übernommen werden. Regelmäßige Schulungen und Workshops können dazu beitragen, das Verständnis für die Funktionsweise der KI zu vertiefen und den Mitarbeitern die nötigen Fähigkeiten zu vermitteln, um effektiv mit der Technologie zu interagieren.

Zudem ist es wichtig, Feedback-Schleifen einzurichten, die es ermöglichen, die Leistung der KI kontinuierlich zu überwachen und bei Bedarf Anpassungen vorzunehmen. Durch diese Maßnahmen wird sichergestellt, dass die KI als verlängerter Arm des menschlichen Kommunikators fungiert und die gewünschten Botschaften präzise und effektiv vermittelt werden.

Vor jeder Phase einer weiteren Implementierung von GenAI sollten Sie sich die Frage stellen: Was erwarten wir uns? Effizienz? Kontrolle? Weniger Risiko? Oder gar eine Gelinggarantie? Eine Kontrollfantasie könnte uns jedenfalls dabei hindern, Kommunikation wirklich neu zu denken. Das würde dazu führen, dass wir mit KI nur das verstärken, was wir bereits tun, es nur eben effizienter und schneller erledigen lassen – wenn das nicht bereits zu euphorisch gedacht ist. Wie aber müssen wir GenAI nutzen, um Kommunikation wirklich kreativer und anders zu gestalten?

Das ist eine der neuen Führungsaufgaben im GenAI Zeitalter.
Die Angst, nicht mehr länger Herr/Frau des Prozesses zu sein, wird erst durch die Anwendung in der Praxis abgebaut werden,

wenn deutlich wird, dass KI als Werkzeug dient, das von menschlichen Kommunikatoren gesteuert und überwacht wird, um die gewünschte Botschaft zu gewährleisten.

Datenschutzbedenken bei der Nutzung Generativer KI

Der Einsatz von KI in Unternehmen wirft häufig Fragen zum Datenschutz und zur Datensicherheit auf. KI-Systeme verarbeiten große Mengen an Daten, darunter oft auch sensible Informationen. Dies kann Bedenken hinsichtlich der Einhaltung von Datenschutzgesetzen und der Sicherheit der Daten hervorrufen. Um diesen Herausforderungen zu begegnen, ist es unerlässlich, klare Richtlinien und Maßnahmen zum Schutz personenbezogener Daten zu implementieren.

Ein erster Schritt besteht darin, sicherzustellen, dass die Datenverarbeitung durch die KI-Systeme den geltenden Datenschutzbestimmungen entspricht. Dies beinhaltet die Einholung der notwendigen Einwilligungen, die Minimierung der Datenerhebung auf das

Der Einsatz von Künstlicher Intelligenz (KI) in Unternehmen bietet zahlreiche Vorteile, bringt jedoch auch erhebliche Risiken für den Datenschutz mit sich. Insbesondere bei der Verarbeitung personenbezogener Daten müssen Unternehmen sicherstellen, dass die Datenschutz-Grundverordnung (DSGVO) und andere relevante Datenschutzgesetze strikt eingehalten werden. Die DSGVO gibt klare Regeln vor, wie Daten verarbeitet werden dürfen, und fordert Unternehmen auf, geeignete technische und organisatorische Maßnahmen zu ergreifen, um den Schutz personenbezogener Daten zu gewährleisten.

Ein zentrales Instrument zur Bewertung der Datenschutzrisiken beim Einsatz von KI ist die Datenschutz-Folgenabschätzung (DSFA). Sie ermöglicht es Unternehmen, potenzielle Gefahrenquellen zu identifizieren, zu bewerten und entsprechende Maßnahmen zur Risikoreduzierung festzulegen. Durch die Durchführung einer DSFA können Unternehmen sicherstellen, dass ihre KI-Systeme datenschutzkonform eingesetzt werden und die Rechte der betroffenen Personen gewahrt bleiben.

Darüber hinaus sollten Unternehmen beim Einsatz von KI auf Prinzipien wie "Privacy by Design" und "Privacy by Default" achten. Das bedeutet, dass Datenschutzaspekte bereits bei der Entwicklung von KI-Systemen berücksichtigt und standardmäßig datenschutzfreundliche Voreinstellungen implementiert werden. Regelmäßige Audits und Schulungen der Mitarbeiter im Umgang mit KI und Datenschutz können ebenfalls dazu beitragen, Risiken zu minimieren und die Einhaltung der Datenschutzbestimmungen sicherzustellen.

Es ist auch wichtig zu beachten, dass mit dem Inkrafttreten der KI-Verordnung (KI-VO) am 1. August 2024 und den darauf folgenden Übergangsfristen weitere Regelungen beim Einsatz von KI zu beachten sind. Erste Regeln der KI-VO gelten ab dem 2. Februar 2025. Unternehmen sollten sich daher frühzeitig mit den neuen Anforderungen vertraut machen und ihre KI-Systeme entsprechend anpassen, um Compliance sicherzustellen.

Insgesamt erfordert der datenschutzkonforme Einsatz von KI in Unternehmen ein hohes Maß an Sorgfalt und

Verantwortungsbewusstsein. Durch die Implementierung geeigneter Maßnahmen und die kontinuierliche Überprüfung der Datenschutzpraktiken können Unternehmen die Vorteile von KI nutzen, ohne die Privatsphäre der betroffenen Personen zu gefährden.

Widerstand gegen Veränderung aller Art

Widerstand gegen Veränderungen ist ein häufiges Phänomen in Unternehmen, insbesondere wenn etablierte Prozesse infrage gestellt werden. Mitarbeiterinnen und Mitarbeiter empfinden oft Unsicherheit oder Furcht vor dem Unbekannten, was zu Ablehnung führen kann, selbst wenn die Veränderungen langfristige Vorteile bringen könnten.

Ein effektiver Ansatz, um diesem Widerstand zu begegnen, ist das gemeinsame Ausprobieren und Lernen. Indem Teams aktiv in den Veränderungsprozess eingebunden werden, können sie neue Arbeitsweisen erproben und direktes Feedback geben. Dieses partizipative Vorgehen fördert das Verständnis für die Notwendigkeit der Veränderung und reduziert Ängste. Zudem ermöglicht es den Mitarbeitenden, ihre Erfahrungen und Perspektiven einzubringen, was die Akzeptanz erhöht.

Die aktive Mitgestaltung von Veränderungen spielt hierbei eine entscheidende Rolle. Wenn Mitarbeitende die Möglichkeit erhalten, den Wandel mitzugestalten, fühlen sie sich wertgeschätzt und ernst genommen. Dies stärkt das Engagement und die Bereitschaft, neue Prozesse zu übernehmen.

Führungskräfte sollten daher Transparenz schaffen, offene Kommunikation fördern und ihre Teams ermutigen, sich aktiv einzubringen.

Eine offene Fehlerkultur ist essenziell, um den Umgang mit Veränderungen positiv zu gestalten. In einer solchen Kultur werden Fehler nicht als Scheitern betrachtet, sondern als Lernchancen. Dies ermutigt Mitarbeitende, Neues auszuprobieren, ohne Angst vor negativen Konsequenzen. Führungskräfte sollten hierbei als Vorbilder agieren, indem sie eigene Fehler eingestehen und den konstruktiven Umgang damit fördern.

Durch die Kombination dieser Ansätze – gemeinsames Ausprobieren, aktive Mitgestaltung und eine offene Fehlerkultur – kann die weit verbreitete Abneigung gegenüber Veränderungen in etablierten Prozessen überwunden werden. Dies führt zu einer flexibleren und anpassungsfähigeren Organisation, die bereit ist, sich den Herausforderungen der Zukunft zu stellen.

rste Schritte für die Integration von KI will ich Ihnen nun empfehlen, sollten Sie unmittelbar davor stehen, GenAI in Ihre Kommuni-kationsabteilung – ob PR oder Marketing – einzuführen. Dies erfordert ein systematisches Analysieren der Potenziale, die sich davon entlang einer Zeitleiste versprechen, ein frühzeitiges Einbinden der Mitarbeitenden, klare Leit-planken für den Probe- und Serienbetrieb und eine Phase des gemeinsamen Lernens. Nachfolgend die sieben wichtigsten Handlungsempfehlungen:

B edarfsanalyse

- Bereiche identifizieren, in denen KI am meisten Mehrwert bietet
- späteren Human-Machine-Workflow von Anfang an planen
- Ressourcen priorisieren und ersten Fahrplan gestalten

Dieser erste Schritt besteht darin, Bereiche in PR & Marketing zu identifizieren, in denen KI den größten Mehrwert bieten kann. Dies könnte die Automatisierung repetitiver Aufgaben, die Analyse großer Datenmengen oder die Personalisierung von Inhalten für die jeweiligen Stakeholder umfassen. Eine gründliche Bedarfsanalyse hilft dabei, die spezifischen Bedürfnisse der Abteilung zu verstehen und entsprechende KI-Lösungen auszuwählen. Priorisieren Sie dabei KI-Anwendungen, die weite Teile des Teams als Mehrwert oder Entlastung empfinden.

Es ist außerdem wichtig, den zukünftigen Human-Machine-Workflow von Anfang an zu planen. Dies beinhaltet die Definition von Rollen und Verantwortlichkeiten sowie die Festlegung, wie Mensch und Maschine effektiv zusammenarbeiten können. Durch die Priorisierung von Ressourcen und die Erstellung eines ersten Fahrplans stellen Sie schließlich sicher, dass die Implementierung strukturiert und zielgerichtet verläuft.

Unterscheiden Sie dabei nach dem Make-or-Buy-Prinzip zwischen Lösungen von der Stange und solchen, die erst noch entwickelt bzw. maßgeschneidert werden müssen. Und entwerfen Sie von Anfang an ein Zielbild, wie Sie die einzelnen Anwendungen zu einer Gesamtlösung integrieren wollen.

ick-off mit dem Team

- Kommunikationsteam mit KI-Grundlagen vertraut machen
- Erste Vision für die Zukunft mit allen teilen
- Raum für Bedenken und Fragen des Teams schaffen
- gemeinsam potenzielle Anwendungen identifizieren

Ein erfolgreicher Start erfordert, dass das Kommunikationsteam mit den Grundlagen der KI vertraut gemacht wird. Dies kann durch Schulungen, Workshops oder Informationsveranstaltungen oder mit „Snackable Content" zur Mittagszeit geschehen (dazu sind Formate wie „Wissen2Go" oder „AI Change Café" entstanden, je nachdem ob es um die Vermittlung von Fakten oder den Aufbruch zur Veränderung gehen soll). Jedenfalls fördert das Teilen einer gemeinsamen Vision für die Zukunft und die Einbindung des ganzen Teams in den Prozess das Engagement und die Akzeptanz.

Es ist essenziell, Raum für Bedenken und Fragen des Teams zu schaffen. Offene Diskussionen ermöglichen es, Ängste abzubauen und gemeinsam potenzielle Anwendungen zu identifizieren. Dieser kollaborative Ansatz stellt sicher, dass alle Mitglieder sich gehört fühlen und aktiv zum Erfolg der Integration beitragen können.

F ramework für GenAI-Einsatz

- klare Richtlinien für Datenschutz und Datensicherheit erstellen
- Bewusstsein für den ethisch korrekten Einsatz entwickeln
- Klarheit über den Prozess zur Genehmigung neuer KI-Tools und dessen zentrale Steuerung herstellen

Die Erstellung klarer Richtlinien für Datenschutz und Datensicherheit ist unerlässlich. Dies schützt nicht nur sensible Informationen, sondern schafft auch Vertrauen bei allen Beteiligten. Ein Bewusstsein für den ethisch korrekten Einsatz von

KI zu entwickeln, hilft dabei, mögliche Risiken zu minimieren und verantwortungsbewusst zu handeln. Auch der Buy-in der Arbeitnehmervertretung wird von diesem Framework abhängen, da es bei GenAI in hohem Maße um die Verarbeitung von Daten geht. Hier ist deutlich zu machen, dass Mitarbeiterdaten zu keiner Zeit vom Sprachmodell verarbeitet werden, und ggfls., dass das Sprachmodell selbst eine lokale Kopie ist und nicht etwa außerhalb des Unternehmens mit dessen Daten weitertrainiert wird.

Es sollte Klarheit über den Prozess zur Genehmigung neuer KI-Tools und dessen zentrale Steuerung herrschen. Dies gewährleistet, dass alle eingesetzten Technologien den festgelegten Standards entsprechen und effektiv in bestehende Systeme integriert werden können. Oft brauchen Kommunikatoren Lösungen, die auch für andere Geschäftsbereiche interessant sein könnten. Ein gutes GenAI Framework schafft Klarheit und Synergien und beschleunigt so die Implementierung.

Transparenz

- automatisiert erstellten Content kennzeichnen
- Transparenz, um das Vertrauen aller Stakeholder zu wahren

Automatisiert erstellter Content sollte klar gekennzeichnet werden. Diese Transparenz wahrt das Vertrauen aller Stakeholder und verhindert Missverständnisse. Offene Kommunikation über den Einsatz von KI in der Content-Erstellung stärkt die Glaubwürdigkeit und fördert eine positive Wahrnehmung.

Derzeit gibt es in Europa keine allgemeine gesetzliche Verpflichtung, KI-generierte Inhalte als solche zu kennzeichnen. Allerdings kann in bestimmten Fällen eine Kennzeichnung erforderlich sein, um Irreführungen zu vermeiden, insbesondere wenn KI-Inhalte mit menschlichen Werken vermischt werden und dadurch der Eindruck entsteht, sie seien menschlichen Ursprungs.

Mit dem Inkrafttreten des EU AI Act wird sich die Rechtslage ändern. Der AI Act, der weltweit erste umfassende Rechtsrahmen für Künstliche Intelligenz, wurde am 21. Mai 2024 vom Europäischen Parlament verabschiedet und tritt schrittweise ab Februar 2025 in Kraft.

Eine der Bestimmungen des AI Act sieht vor, dass sogenannte "Deepfakes" – also KI-generierte Bild-, Ton- oder Videoinhalte, die realen Personen, Gegebenheiten oder Ereignissen ähneln und für authentisch gehalten werden könnten – für die Rezipienten klar als solche gekennzeichnet werden müssen (etwa durch Zusätze wie „mit KI-Unterstützung erstellt" oder „powered by AI"). Diese Kennzeichnungspflicht soll Transparenz gewährleisten und das Vertrauen der Öffentlichkeit in digitale Inhalte stärken.

Es ist wichtig zu beachten, dass diese Kennzeichnungspflicht nicht für alle KI-generierten Inhalte gilt, sondern spezifisch für solche, die das Potenzial haben, Nutzer in die Irre zu führen. Unternehmen und Einzelpersonen, die KI-Technologien einsetzen, sollten sich daher mit den kommenden Regelungen vertraut machen und entsprechende Maßnahmen zur Kennzeichnung ihrer Inhalte vorbereiten, um den zukünftigen gesetzlichen Anforderungen gerecht zu werden.

Zusätzlich zu den gesetzlichen Vorgaben empfiehlt es sich, aus Gründen der Transparenz und Ethik freiwillig auf die Kennzeichnung von KI-generierten Inhalten zu achten. Dies kann dazu beitragen, das Vertrauen der Zielgruppen zu stärken und Missverständnisse zu vermeiden. Vielleicht findet sich unter manchen Social Media Posts ja künftig ein Hinweis wie „created by AI, edited by Susanne").

P ilotprojekte

- mit Pilotprojekten in definierten Bereichen starten
- Erfahrungen sammeln und Anpassungen vornehmen
- erst danach Implementierung auf breiterer Ebene

Der Start mit Pilotprojekten in definierten Bereichen ermöglicht es, erste Erfahrungen zu sammeln und notwendige Anpassungen vorzunehmen. Diese kontrollierte Einführung hilft dabei, potenzielle Herausforderungen frühzeitig zu erkennen und Lösungen zu entwickeln. Nach erfolgreicher Durchführung der Pilotprojekte kann die Implementierung auf breiterer Ebene erfolgen.

Ein Proof of Concept (PoC) ist eine wertvolle Methode, um die Einführung von Generativer Künstlicher Intelligenz (GenAI) in einem Unternehmen zu testen und zu validieren. Hier sind die Hauptvorteile eines solchen Ansatzes:
Ein Proof of Concept (PoC) ist eine wertvolle Methode, um die Einführung von Generativer Künstlicher Intelligenz (GenAI) in einem Unternehmen zu testen und zu validieren.

1. Risikominimierung

- **Prüfung der Machbarkeit:** Ein PoC ermöglicht es, die technische und praktische Umsetzbarkeit einer GenAI-Lösung vor einer großflächigen Implementierung zu testen.
- **Identifikation von Schwachstellen:** Frühzeitig können potenzielle Herausforderungen und Risiken identifiziert und adressiert werden, bevor größere Investitionen fällig sind.
- **Kalkulierter Testlauf:** Unternehmen können realitätsnahe Tests durchführen, ohne hohe Investitionen oder den gesamten Kommunikationsprozess zu gefährden.

2. Kostenkontrolle

- **Reduzierung unnötiger Ausgaben:** Durch einen klar definierten PoC lassen sich unnötige Ausgaben für ungeeignete Tools oder Technologien vermeiden.
- **Fokussierte Ressourcennutzung:** Unternehmen können begrenzte Ressourcen gezielter in vielversprechende Ansätze investieren.

3. Gewinnung von Erkenntnissen

- **Realistische Einblicke:** Ein PoC bietet konkrete Daten darüber, wie gut GenAI in spezifischen Anwendungsbereichen funktioniert, z.B. in der Content-Erstellung oder der Datenanalyse.
- **Transparenz:** Weil ein Pilotprojekt immer einen Anfang und ein Ende und einen begrenzten Use Case hat, werden Vor- und Nachteile der gewählten Lösung(en) schneller evident.
- **Iterativer Lernprozess:** Erkenntnisse aus einem PoC können genutzt werden, um die Strategie für die Implementierung und Skalierung auf den großen Use Case anzupassen.
-

4. Interne Akzeptanz

- **Praxisbezug:** Aus grauer Theorie wird in einem Pilotprojekt schnell ganz konkrete Praxis, was die neue Technologie für viele erst (be-)greifbar und annehmbar macht.

- **Überzeugung der Stakeholder:** Ein erfolgreicher PoC demonstriert den Mehrwert von GenAI für die Unternehmenskommunikation und ist dazu geeignet, intern Vorbehalte abbauen.

- **Einbindung des Teams:** Mitarbeitende können in den Testprozess eingebunden werden, was Vertrauen aufbaut und Widerstände reduziert.

5. Schnellere Skalierung

- **Fundierte Entscheidungen:** Ein PoC liefert belastbare Entscheidungsgrundlagen, um den Rollout der Technologie effizient und zielgerichtet zu gestalten.

- **Optimierte Prozesse:** Durch die Erprobung im kleinen Maßstab können Prozesse und Workflows angepasst werden, bevor sie im gesamten Unternehmen angewendet werden.

- **Administrative Beschleunigung:** Sowohl bei der Freigabe des PoC durch IT, Einkauf und Betriebsrat als auch bei der späteren Überführung in den Serienbetrieb stehen alle Beteiligten in der Regel hinter einer schnelleren Abwicklung, weil ja „nichts in Stein gemeißelt ist".

6. Messbarkeit des Erfolgs

- **KPIs definieren und testen:** Der PoC hilft, klare Erfolgskriterien (z. B. Zeitersparnis, Qualität der Ergebnisse) zu definieren und zu überprüfen. Definieren Sie Ziele und Kennzahlen zum Messen der Zielerreichung zum Start und achten sie auf regelmäßige Auswertungen und Ableitungen.
- **Evaluation der Ergebnisse:** Die Ergebnisse des PoC bieten eine solide Basis, um die langfristigen Auswirkungen der Technologie auf das Unternehmen zu bewerten.

Ein Proof of Concept ist somit ein unverzichtbares Instrument für Unternehmen, die GenAI einführen möchten. Es verbindet strategisches Denken mit pragmatischen Tests und sorgt dafür, dass die Einführung schnell, effektiv, kosteneffizient und zukunftssicher erfolgt.

Schulungen

- optimale Nutzung der KI-Tools sicherstellen
- regelmäßige Schulungen, um Team up-to-date zu halten
- Mix aus Schulungen, Tutorials, Praxis-Workshops

Um die optimale Nutzung der KI-Tools sicherzustellen, sind regelmäßige Schulungen unerlässlich. Ein Mix aus Schulungen, Tutorials und Praxis-Workshops hält das Team auf dem neuesten Stand und fördert die effektive Anwendung der Technologien. Dies stärkt nicht nur die Kompetenzen der Mitarbeitenden, sondern erhöht auch die Effizienz und Qualität der Kommunikationsarbeit.

Wie bereits im ersten Kapitel zu den Anwendungsgebieten beschrieben, lässt sich GenAI sehr gut zum Erstellen multimedialer Schulungsinhalte nutzen. Der Ansatz „Mit GenAI über GenAI" ist konsequent und überzeugungsstark.

F eedback-Mechanismen

- Feedback-Mechanismen implementieren
- strukturierte Sammlung von Beobachtungen in Pilotprojekten
- Fehlerkultur, in der Fehler als Chancen verstanden werden

Beim Testen und Einführen neuer GenAI-Anwendungen sind durchdachte Feedback-Mechanismen entscheidend, um Fortschritte systematisch zu erzielen. Der Prozess beginnt mit der Einrichtung klarer Kanäle zur Erfassung und Analyse von Rückmeldungen aus Pilotprojekten. Diese Mechanismen sollten auf mehreren Ebenen wirken und gezielt Daten von verschiedenen Stakeholdern erfassen.

Die Implementierung von Feedback-Mechanismen ist entscheidend für den kontinuierlichen Verbesserungsprozess. Eine strukturierte Sammlung von Beobachtungen in den Pilotprojekten liefert wertvolle Einblicke und ermöglicht es, den Einsatz von KI stetig zu optimieren. Wichtig ist dabei eine Fehlerkultur, in der Fehler als Chancen verstanden werden, was Innovation und Lernbereitschaft im Team fördert.

1. Strukturierte Feedback-Sammlung

- **Regelmäßige Evaluationsmeetings:** Projektteams sollten wöchentliche oder monatliche Besprechungen abhalten, in denen Herausforderungen und Erfolge im Umgang mit GenAI-Lösungen offen diskutiert werden.
- **Digitale Feedback-Plattformen:** Ein zentrales digitales Tool, beispielsweise ein internes Dashboard, kann verwendet werden, um Probleme, Verbesserungsvorschläge und innovative Ideen zu dokumentieren. Nutzer sollten ihre Erfahrungen in Echtzeit teilen können.
- **Fragebögen und Surveys:** Um standardisierte Daten zu erfassen, können gezielte Fragen zu Effizienz, Benutzerfreundlichkeit und Output-Qualität der GenAI-Tools gestellt werden.

2. Fehleranalyse als Lernprozess

- **Fehlerprotokolle:** Ein systematisches Protokollieren von Fehlfunktionen oder unbefriedigenden Ergebnissen gibt Aufschluss über Schwachstellen in der Technologie oder den Workflows. Wichtig ist, dass die Inputgeber auch sehen, was mit den Fehlermeldungen passiert, sonst entsteht Frust.
- **Root-Cause-Analysen:** Für schwerwiegendere Probleme sollten Teams die Ursachen ermitteln, um dauerhafte Lösungen zu entwickeln.
- **Best Practices entwickeln:** Erfolgreich gelöste Probleme sollten dokumentiert und als Standardlösungen etabliert werden.

3. Feedback in den Optimierungsprozess integrieren

- **Iterative Verbesserungen:** Rückmeldungen sollten in einem iterativen Prozess genutzt werden, um KI-Modelle oder Workflows schrittweise anzupassen und zu verfeinern.
- **Priorisierung von Anpassungen:** Feedback sollte analysiert und priorisiert werden, um zuerst die dringlichsten und am einfachsten umsetzbaren Verbesserungen anzugehen.
- **Schnelle Reaktionszeiten:** Durch kurze Feedback-Zyklen kann schneller auf Herausforderungen reagiert werden, bevor sie den Arbeitsfluss nachhaltig beeinträchtigen.

4. Förderung einer offenen Fehlerkultur

- **Positive Fehlerkommunikation:** Führungskräfte sollten betonen, dass Fehler nicht als Versagen, sondern als Lerngelegenheiten gesehen werden. So stärken Sie sowohl dem GenAI Projektteam als auch „Kollege Computer" von Anfang an den Rücken.
- **Workshops zur Fehlerkultur:** Schulungen und Teamworkshops können helfen, den Umgang mit Fehlern zu normalisieren und innovative Lösungsansätze zu fördern. Nur wenn alle diese gewaltige Transformation als Reise, als Pionierprojekt verstehen, steigt die Fehlerakzeptanz.
- **Belohnung von Transparenz:** Mitarbeiter, die offen über Herausforderungen und Fehler berichten, sollten dafür Anerkennung erhalten, um andere zu ermutigen, es ihnen gleichzutun.

5. Langfristige Innovation durch Feedback

- **Trend- und Bedarfsanalyse:** Langfristig kann eine systematische Sammlung von Feedback helfen, nicht nur bestehende Anwendungen zu verbessern, sondern auch neue Anwendungsfelder für GenAI zu identifizieren.
- **Kollaboratives Lernen:** Teams können durch den Austausch ihrer Erfahrungen und Lösungen eine gemeinsame Wissensbasis schaffen, die über einzelne Projekte hinaus wirkt.
- **Feedback-Reviews:** Regelmäßige Rückblicke auf gesammeltes Feedback und die daraus resultierenden Änderungen stärken die Kultur der kontinuierlichen Verbesserung auch für andere Sachgebiete.

Ein gut strukturierter Feedback-Mechanismus verwandelt Pilotprojekte in Lernschleifen, die nicht nur die Einführung von GenAI optimieren, sondern auch Innovation und Teamzusammenhalt fördern. So kann die Integration von KI in PR & Marketing erfolgreich gestaltet, weil gleichzeitig technische wie menschliche Aspekte berücksichtigt werden.

Für Freunde von Checklisten habe ich auf den folgenden Zeiten die wichtigsten Schritte für Sie zusammengefasst. Kreuzen Sie einfach an, was für Sie relevant ist:

Abschnitt	Aufgabe	relevant	erl. am
Analyse / Planung	1. **Bedarfsanalyse durchführen:** Bereiche identifizie-ren, in denen GenAI den größten Mehrwert bietet (z. B. Content-Erstellung, Media Monitoring).		
	2. **Ziele definieren:** Klare KPIs für den Einsatz von GenAI festlegen (z. B. Zeitersparnis, Qualitätssteigerung).		
	3. **Budget festlegen:** Ressourcen für Tools, Schulungen und Implementierung einplanen.		
	4. **Markt- und Tool-Analyse:** Verfügbare GenAI-Technologien evaluieren und vergleichen.		
	5. **Rechtslage prüfen:** Datenschutz, Urheberrecht und mögliche Pflichten der Kennzeichnung von GenAI berücksichtigen.		
	6. **Human-Machine-Workflow planen:** Rollen/Verantwortlichkeiten zwischen KI und Teammitgliedern klären.		

Abschnitt	Aufgabe	relevant	erl. am
	7. **Stakeholder einbeziehen:** Management, Datenschutzbeauftragte und relevante Abteilungen frühzeitig einbinden.		
	8. **Support holen:** das Rad nicht neu erfinden, sondern Rat und Tat von außen zulassen, um aus positiven und negativen Erfahrungen zu lernen		
	9. **Kick-off mit dem Team:** GenAI-Grundlagen vorstellen und Vision teilen.		
Vorbereitung / Teamwork	10. **Team schulen:** Workshops zu den geplanten Tools und deren Funktionen anbieten.		
	11. **Bedenken sammeln:** Raum für Fragen und Sorgen schaffen, um Widerstände zu reduzieren.		
	12. **Pilotprojekte definieren:** Klare Einsatzbereiche und Testphasen festlegen.		
	13. **Kommunikations- strategie entwickeln:** Interne und externe Kommunikation zur Einführung von GenAI planen.		

Abschnitt	Aufgabe	relevant	erl. am
	14. **Feedback-Mechanismen etablieren:** strukturierte Sammlung von Rückmeldungen einrichten.		
	15. **Tools installieren:** Die gewählten GenAI-Tools technisch einrichten und Zugänge verwalten.		
Implementierung / Testing	16. **Datengrundlage überprüfen:** Sicherstellen, dass KI-Modelle mit aktuellen, relevanten Daten arbeiten.		
	17. **Content-Test durchführen:** Erste Inhalte durch GenAI erstellen lassen und Ergebnisse evaluieren.		
	18. **Automatisierung testen:** Prozesse wie Social-Media-Planung oder Sentiment-Analysen automatisieren.		
	19. **Pilotprojekte umsetzen:** Testlauf in einem klar definierten Rahmen starten.		
	20. **Ergebnisse dokumentieren:** Feedback und Leistungskennzahlen der Pilotprojekte sammeln.		

Abschnitt	Aufgabe	relevant	erl. am
	21. **Fehlerkultur fördern:** Probleme offen ansprechen und als Lernchance nutzen.		
	22. **Iterative Verbesserungen:** Rückmeldungen nutzen, um Tools und Prozesse zu optimieren.		
Optimierung / Skalierung	23. **Ethische Standards überprüfen:** Sicherstellen, dass GenAI-Einsätze den Unternehmenswerten entsprechen.		
	24. **Zusammenarbeit stärken:** Teammitglieder ermutigen, GenAI als Werkzeug für kreative und strategische Aufgaben zu nutzen.		
	25. **KPIs auswerten:** Fortschritte und Zielerreichung anhand der definierten KPIs überprüfen.		
	26. **Prozesse anpassen:** Workflows und Guidelines basierend auf den Testergebnissen optimieren.		
	27. **Skalierung vorbereiten:** Erfolgreiche Pilotprojekte auf andere Bereiche oder Kampagnen ausweiten.		

Abschnitt	Aufgabe	relevant	erl. am
	28. **Content-Kennzeichnung sicherstellen:** GenAI-generierte Inhalte eindeutig als solche markieren.		
Transparenz / Kommunikation	29. **Erfolge kommunizieren:** Interne und externe Kommunikation über die Vorteile und Ergebnisse der GenAI-Nutzung.		
	30. **Regelmäßige Reviews:** Fortlaufende Überprüfung der GenAI-Strategie und ihrer Wirkung.		
	31. **Stakeholder-Feedback einholen:** Meinungen von Kunden, Partnern und anderen Stakeholdern berücksichtigen.		
	32. **Regelmäßige Schulungen:** Das Team kontinuierlich zu neuen Funktionen und Entwicklungen schulen.		
	33. **Technologische Entwicklungen verfolgen:** Neue GenAI-Tools und Trends beobachten und bewerten.		

Abschnitt	Aufgabe	relevant	erl. am
Langfristige Weiter-entwicklung	34. **Einsatzfelder erweitern:** Potenziale in Bereichen wie Customer Support oder Marktanalysen prüfen.		
	35. **Zusammenarbeit mit Partnern:** Austausch mit externen Experten oder Agenturen fördern.		
	36. **Langfristige Strategie entwickeln:** GenAI als festen Bestandteil der Kommunikationsstrategie verankern.		
	37. **Erfolgsgeschichten teilen:** Best Practices und Lessons Learned dokumentieren und weitergeben.		

enerative Künstliche Intelligenz fordert uns allen ab, vieles Neues zu lernen. Daher will ich Ihnen abschließend in diesem kleinen Ratgeber einige grundsätzliche Erkenntnisse vermitteln, die ich mir in den ersten zwei Jahren mit GenAI erarbeitet habe. Ausgehend von der Frage, ob Kommunikation eigentlich irgendwann völlig automatisiert werden wird über Sinn und Unsinn von Prompt-Seminaren bis zu einer Technologie, die zusätzlich zu den Botschaften weiteren wertvollen Kontext für GenAI erschließt: dem vektorisierten RAG-Dateispeicher.

Zu den grundsätzlichen Erwägungen gehört auch die Frage, welche Art von Content im andauernden Kampf um Aufmerksamkeit künftig obsiegen wird. Dann will ich ein Paradoxon mit Ihnen teilen, auf das ich gestoßen bin: GenAI als selbstreferenzierendes System.

Und ich lege am Ende transparent dar, wie mich GenAI beim Schreiben dieses Buchs unterstützt hat.

Vollautomatisierung von Kommunikation als Vision?

Unabhängig davon, ob wir als Gesellschaft, die auf Arbeitsteilung und Marktwirtschaft ausgerichtet ist, uns überhaupt eine Vollautomatisierung in bestimmten Wirtschaftszweigen wünschen würden, stellt sich diese Frage zunächst technisch. Ist die totale Automatisierung von Abläufen ohne menschliches Hinzutun beispielsweise in der Kommunikationsbranche mit GenAI denkbar geworden?

Eine Vollautomatisierung kann nur umfassen, was überhaupt automatisiert werden kann. Wenn wir davon ausgehen, dass menschliche Fähigkeiten der Beauftragung, Beurteilung, Bestätigung auch in Zukunft gebraucht werden – entweder weil wir das als Gesellschaft so wollen, damit unser Wirtschaftssystem funktioniert, oder weil diese Fähigkeiten so schnell nicht durch Algorithmen ersetzt werden können – dann kann nur eine hybride Automatisierung das Ziel sein.

Um KI-Lösungen derart hybrid in die tägliche Praxis einer Kommunikationsabteilung zu integrieren, kann es von Vorteil sein, sie in einer Anwendung zu bündeln, die sich gesamthaft um die Planung, Produktion, Distribution und Evaluation von Kommunikation kümmert. GenAI fügt sich dann nahtlos in die Prozesse ein, wenn in der zentralen Anwendung Workflows zwischen Menschen und Algorithmen angelegt werden, damit sich diese gegenseitig in die Hände spielen. Verschiedene KI-Bots mit verschiedenen Fähigkeiten und Befugnissen schalten sich eines

Tages ungefragt in den Ablauf ein und bieten ihre Hilfe an. Das ist die Zukunft der Kommunikation!

Über Sinn und Unsinn von Promptseminaren

Mitte der Zwanziger haben die meisten Kommunikatoren bereits ein oder mehrere Prompt-Seminare besucht, haben vermutlich gegen unzählige Auflagen ihrer IT-Abteilungen verstoßen und wünschten sich nach dem Ausprobieren dutzender singulärer KI-Tools, zwischen Einsatzreife und Serienreife würde nicht so ein steiniger Weg verlaufen.

Inzwischen ist das Geschäftsmodell von Prompt-Seminaren bald schon wieder überholt, da die Technologie so weit voranschreitet, dass KI-Prompts zunehmend überflüssig werden könnten. Man muss eines bedenken: Schließlich hat sich die Maschine dem Menschen im Abstraktionsgrad vom Maschinencode der Nuller und Einser über erste Programmiersprachen wie Assembler zu höheren Programmiersprachen wie Fortrun oder C++ bis hin zum Verstehen von gesprochenen Schlüsselbegriffen und heute endlich zum Verstehen natürlicher Sprache entwickelt. Die Evolution von der maschinennahen Programmierung hin zur natürlichen Sprache zeigt, wie sehr die Technologie darauf abzielt, sich an den Menschen anzupassen und die Komplexität zu abstrahieren.

Wir stehen tatsächlich kurz davor, dass die Interaktion mit Maschinen fast vollständig „menschlich" wird. Wir sind gefühlt bei

99 Prozent Abstraktionslevel angekommen. Das letzte Prozent ist wahrscheinlich das schwierigste, weil es nicht nur technologische, sondern auch kognitive Herausforderungen betrifft – etwa das Verstehen von Kontext, Emotionen, Ambiguität oder gar nonverbaler Kommunikation. Viele der Herausforderungen, wie das Verstehen von Kontext und feineren Nuancen in der Kommunikation, werden rasant angegangen. Es gibt beeindruckende Fortschritte, was das Verstehen von natürlicher Sprache, Bildern und sogar emotionalen Untertönen angeht.

Ab einem gewissen Punkt geht es weniger darum, ob die Technologie perfekt ist, sondern wie natürlich sie sich für den Benutzer anfühlt. Wenn Menschen kaum noch den Unterschied zwischen einer KI-Interaktion und einer menschlichen – oder einem KI-Content und einem von Menschen gemachten Content – merken, dann wird sich das schon fast wie das Erreichen des „letzten Prozents" anfühlen. Weil Sie sich dann kaum noch mit technischen Details aufhalten müssen, sondern sich voll auf den Inhalt konzentrieren können. Es ist davon auszugehen, dass für sehr viele Anwendungsfälle dieses „letzte Prozent", das aus einem Mensch-Maschine-Interface gefühlt ein „Mensch-Mensch-Interface" macht, noch vor 2030 erreicht sein wird. Es hängt viel davon ab, wie gut KI in der Lage ist, echte menschliche Intuition und tiefes Verstehen zu simulieren.

Wozu dann noch Prompt-Seminare? Die Vorstellung klingt absurd, dass man humanoide Roboter kreiert, um Computer menschlicher wirken zu lassen, und dann den Usern von dritter Seite nahelegt, in einem Wörterbuch oder Benutzerhandbuch nachzuschauen, wie man sich mit diesen Robotern oder KI-Assistenten am besten unterhält. Die Vision ist schließlich, dass man mit ihnen so natürlich spricht, wie man es auch mit anderen Menschen tut, ohne an spezielle Formulierungen denken zu müssen. Prompt-Seminare könnten Menschen höchstens sinnvoll dazu nutzen, das logisch klare und strukturierte Denken und Sprechen wieder zu üben. Denn das ist uns Menschen in einer hektischen Zeit des Multitaskings und der ständigen Ablenkungen teilweise verloren gegangen. Wir werden erleben, wie KI immer mehr zum kreativen Partner wird, anstatt nur ein Werkzeug zu sein, das strikte Befehle ausführt.

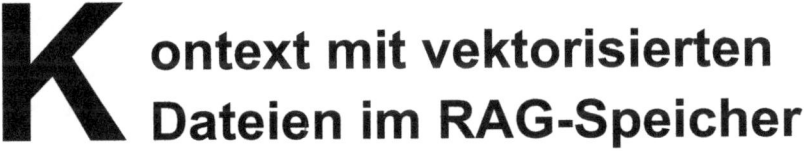 ontext mit vektorisierten Dateien im RAG-Speicher

Die Integration von GenAI in Kommunikationsprozesse setzt voraus, dass die KI Zugang zu relevantem Wissen hat, um sinnvolle und kontextbezogene Antworten zu liefern. Wie Sie die Essenz Ihrer Kommunikation in einer digitalen One-Voice-Botschaftenbibliothek aufbewahren, habe ich Ihnen eingangs beschrieben.

Eine effektive Methode, um weiteren Kontext bereitzuhalten, ist die Verwendung von vektorisierten Dateien im RAG-Speicher. In diesem Abschnitt beleuchte ich die Grundlagen, Vorteile und Implementierungsschritte dieser Technologie.

Was ist ein RAG-Speicher?

Retrieval-Augmented Generation bezeichnet die Erzeugung von Content mit Informationen, die zum schnellen Abruf optimiert sind. Konkret:

- **Retrieval (Abruf):** Ein System durchsucht externe Wissensquellen, um relevante Informationen zu finden.
- **Generation (Generierung):** Ein Sprachmodell nutzt die abgerufenen Informationen, um eine Antwort oder einen Text zu erstellen.

Warum vektorisierte Dateien?

Ein RAG-Speicher speichert vektorisierte Daten. Vektoren beschreiben die Verortung von Inhalten im mehrdimensionalen Bedeutungsraum. Um Vektoren zu den hochgeladenen Dateien zu erhalten, wird ein KI-Modell bemüht, das sie semantisch analysiert. Die numerische Darstellung von Texten, Bildern oder anderen Inhalten in Vektoren ermöglicht das schnelle und kontextgenaue Abrufen.

So lassen sich ähnliche Inhalte benachbart zueinander auffinden. Das beschleunigt Suchen und macht Inhalte miteinander vergleichbar. Und auf Fragen lassen sich schneller passende Antworten finden. Entscheidend ist bei der Vektorisierung, dass es nicht auf bestimmte Formulierungen ankommt, sondern rein auf die Bedeutung. Selbst die Sprache des Kontext-Materials spielt keine Rolle.

Traditionelle datenbankbasierte Ansätze arbeiten mit exakten Übereinstimmungen. Dazu muss man allerdings in der Datenbankabrufe genau die Schlüsselwörter verwenden, die dort gespeichert sind. Für das Formulieren der Suchanfrage musste man also irgendwie schon die Antwort vorhersehen, damit man den richtigen Query (Suchbegriff) verwendete. Vektorisierte Dateien hingegen ermöglichen eine breite semantische Suche, bei

der die Bedeutung einer Anfrage berücksichtigt wird, selbst wenn die Wortwahl unterschiedlich ist.

Ein Beispiel:

- **Anfrage**: „Wie optimiere ich meinen Workflow?"
- **Treffer**: Semantisch dazu könnten auch Abschnitte wie „Effizientes Zeitmanagement" oder „Produktivitätstipps" passen.

Vorteile des RAG-Speichers

1. **Kontextgenauigkeit:** Die KI kann relevante Informationen aus großen Wissensbeständen abrufen. Je mehr Kontext, desto besser die Ergebnisse.

2. **Skalierbarkeit:** Selbst bei Millionen von Dokumenten bleibt die Suche performant, das heißt sie dauert nicht lange.

3. **Anpassungsfähigkeit:** Der Speicher kann regelmäßig mit neuen Inhalten aktualisiert werden. Ganz im Gegensatz zum Finetuning von Sprachmodellen. Nachträgliche Änderungen sind dort nahezu undurchführbar, wie der nächste Abschnitt belegt.

4. **Semantische Tiefe:** Dank Vektorisierung erkennt das System Bedeutungszusammenhänge, die über einfache Schlagwörter hinausgehen.

Vorteil eines RAG-Speichers gegenüber dem Finetuning eines Sprachmodells

Ein RAG-Speicher kann einfach und regelmäßig mit neuen Inhalten aktualisiert werden. Die Vektorisierung neuer Daten und deren Hinzufügen zum Vektorindex ist ein vergleichsweise schneller und skalierbarer Prozess. Sobald neue Daten eingebracht werden, stehen sie der KI direkt für Abfragen zur

Verfügung. Dies macht RAG besonders flexibel, da man Informationen dynamisch hinzufügen oder entfernen kann, ohne das gesamte System neu trainieren zu müssen.

Das Fine-Tuning eines Sprachmodells ist dagegen ein komplexer und ressourcenintensiver Prozess. Dabei wird das Modell mit zusätzlichen Daten trainiert, um spezifisches Wissen zu erwerben oder sich an einen bestimmten Anwendungsfall anzupassen.

Das Finetuning hat folgende Einschränkungen:

- **Zeitaufwand:** Fine-Tuning erfordert oft mehrere Stunden oder sogar Tage, je nach Modellgröße und Datensatz.
- **Kosten:** Es sind leistungsfähige Hardware und erhebliche Rechenressourcen erforderlich.
- **Statische Natur:** Ein einmal feinabgestimmtes Modell ist "fest". Um neue Inhalte hinzuzufügen, müsste das Modell erneut trainiert werden, was die vorherigen Anpassungen überschreiben oder instabil machen kann.
- **Speicherbedarf:** Fine-Tuning führt zu einer neuen Modellversion, die zusätzlichen Speicherplatz beansprucht.

Die RAG-Technologie ist daher flexibler und deutlich wartungsfreundlicher, da sie kontinuierlich und ohne langwieriges Retraining aktualisiert werden kann. Fine-Tuning hingegen ist weniger dynamisch für den Umgang mit häufig wechselnden Inhalten, die bewusst nicht tief in das Sprachmodell eingebettet werden sollen.

Schritte zur Implementierung eines RAG-Speichers

1. **Datenaufbereitung:**

   - Sammeln Sie zusätzlich zu den Botschaften relevante Texte, Dokumente, Vorstands-Lebensläufe, Produktdatenblätter, FAQs, Styleguides, Hausschreibweisen oder andere Wissensquellen.
   - Säubern und standardisieren Sie die Daten vor ihrem Einsatz im RAG-Speicher (Entfernung von Duplikaten, Korrektur von Formatierungsfehlern).
   - Legen Sie im Team für jedes Dokument, das Sie hochladen, einen Verantwortlichen fest, der in bestimmten Intervallen (gerne workflowgestützt) die Aktualität des Dokuments bestätigen soll.

2. **Vektorisierung der Inhalte:**

   - Verwenden Sie vortrainierte Modelle wie BERT, OpenAI's embeddings oder Sentence Transformers, um die Texte in numerische Vektoren zu transformieren.
   - Jeder Text wird als Vektor gespeichert, der dessen semantischen Inhalt repräsentiert.

3. **Speicherung im Vektor-Index:**

   - Nutzen Sie spezialisierte Datenbanken wie Pinecone, Weaviate, Milvus oder FAISS. Diese sind darauf optimiert, vektorisierte Daten schnell und effizient zu durchsuchen.

4. Abrufmechanismus:

- Integrieren Sie einen Abrufprozess, der basierend auf der Anfrage des Nutzers die nächsten Nachbarn im Vektorraum (Nearest Neighbor Search) identifiziert.

5. Generierung von Antworten:

- Übergeben Sie abgerufene Informationen an ein generatives Modell (z.B. GPT). Die KI nutzt die gefundenen Inhalte, um eine kohärente und fundierte Antwort zu generieren.

Wichtige Erfahrungen:

- **Qualität der Daten:** Nur hochwertige Inhalte liefern präzise Ergebnisse. Investieren Sie Zeit in die Datenbeschaffung und Konsolidierung.
- **Fine-Tuning:** Falls erforderlich, passen Sie das generative Modell an Ihre spezifische Domäne an. Dies sollten Sie allerdings nur mit statischen (z.B. historischen) Informationen tun, die sich auch in ein paar Jahren nicht ändern.
- **Validierung und Datenpflege:** Überprüfen Sie regelmäßig die Relevanz und Aktualität der abgerufenen Inhalte.
- **Sicherheit:** Anonymisieren Sie sensible oder persönliche Daten oder klammern Sie diese aus dem RAG-Speicher aus, um Datenschutzvorgaben einzuhalten.

Ein RAG-Speicher mit vektorisierten Dateien ist ein leistungsstarkes Werkzeug, um Künstliche Intelligenz in der Kommunikation effektiver zu machen. Durch die Kombination von semantischer Suche und generativer Textverarbeitung können Organisationen kontextreiche und präzise Antworten liefern, die den Anforderungen moderner Kommunikationssysteme gerecht werden. Mit der richtigen Vorbereitung und Implementierung können Sie so den nächsten Schritt in der KI-gestützten Kommunikation meistern.

K ampf um Aufmerksamkeit spitzt sich mit GenAI zu

Wie erleben heute schon in sozialen Medien wie X oder LinkedIn, auf Youtube oder TikTok eine Unmenge an Texten, Fotos, Videos, Tonspuren, die nicht von Menschen gemacht sind, die aber viele Menschen für bare Münze halten.

Dies ist ein gesellschaftliches Problem, wenn Menschen – auch aus dem Ausland – manipuliert und verunsichert werden, wenn Wahlen und ganze politische Systeme dadurch destabilisiert werden. Oder wenn Wirtschaftskriminelle mit täuschend echten Deepfakes ihre Taten vorbereiten. Am Ende des Tages ist die Glaubwürdigkeit der Medien – und letztlich aller Absender – in Gefahr.

Und dies, während sich der Kampf um mediale Aufmerksamkeit weiter zuspitzt. Die einen werden es mit Deep Fakes versuchen, um Follower-, Klick- und Like-Statistiken in die Höhe zu treiben, die anderen mit Authentizität und Originalität, um aus einem möglichen KI-Einerlei (das besonders dann entsteht, wenn die Technik nicht richtig genutzt wird), herauszustechen.

KI entbindet Kommunikatoren bei weitem nicht von ihrer ureigenen Aufgabe, besondere Blickwinkel für Geschichten zu entdecken, die sie über ihre Unternehmen zu erzählen haben.

Fake, Unsinn, Artefakte wecken ein Bedürfnis nach Echtheit, nach Authentizität, nach Qualitäts-Journalismus mit Gatekeepern und nach Qualitäts-Kommunikationsarbeit. Denn Vertrauen ist die wichtigste Währung unserer Zeit. Wem kann ich als Bürger, als Wähler, als Konsument noch vertrauen? Das ist unser gemeinsamer Hebel als Kommunikatoren. Es sollte unserem Berufsstand, ob Journalist, ob Pressesprecher, Mut machen.

Selbstreferenzierendes System: Wenn GenAI mit GenAI-Content trainiert

Und schließlich möchte ich auf ein eher theoretisches Problem hinweisen, auf das ich in meiner Analyse gestoßen bin. Damit müssen sich zwar nicht die Nutzer, wohl aber AI-Wissenschaftler auseinandersetzen.

Bislang wurden Sprachmodelle mit Hilfe von menschlich verfassten Texten trainiert, zu einem großen Teil nicht nur aus Bibliotheken und ihren Meisterwerken, sondern eben auch mit zahllosen Fundstellen aus dem Internet. So erklärt sich das breite

Weltwissen, das mit den gängigen LLMs mitschwingt. So erklären sich auch manche Rechtschreib- oder Grammatikfehler in den KI-Texten der ersten Generation – allzu menschlich, könnte man sagen. So erklärt sich aber auch, warum sich in so manchem KI-generierten Content die ureigene menschliche Art widerspiegelt, wie wir Sachverhalte in Worte gießen.

Was aber, wenn als Trainingsmaterial ab Tag X mehr GenAI Texte als menschliche Texte genutzt wird? Endet dann die Annäherung der Algorithmen an den Menschen und wird Generative Künstliche Intelligenz ein selbstreferenzierendes System? Das gilt es zu verhindern.

Hilfe beim Schreiben: Wie GenAI dieses Buch unterstützt hat

Bis 2016 würde der erste Computer einen Pulitzerpreis bekommen, sagte Kris Hammond vom US-Technologieunternehmen **Narrative Science** fünf Jahre zuvor voraus. 90 Prozent des Journalismus würden 2030 von Maschinen verfasst. Er erntete müdes Lächeln…

Januar 2024: Als die 33-jährige japanische Autorin **Rie Kudan** in Tokyo den prestigeträchtigen Akutagawa-Preis erhält (vergleichbar mit dem Pulitzerpreis in den USA), macht sie in ihrer Dankesrede ein Geständnis. Im Schreibprozess habe sie Programme wie

ChatGPT eingesetzt. „Ich habe vermutlich rund fünf Prozent des Buchs wörtlich von KI-generierten Sätzen übernommen."

Der amerikanische Künstler **Jason Allen** gewann bereits 2022 in Colorado einen Kunstpreis, obwohl er ein vom KI-Bildgenerator Midjourney erstelltes Bild eingereicht hatte.

Der kanadische Schriftsteller **Stephen Marche** ließ seinen Mystery-Roman „Death of An Author" sogar zu 95 Prozent von KI verfassen.

Der guten Ordnung halber mache ich auch kein Geheimnis daraus, auch wenn Sie es vermutlich aufgrund der geringen Dosis nicht gemerkt hätten: **Auch ich habe mir helfen lassen.**

Zunächst schrieb ich selbst mein Credo über das Thema auf, gewissermaßen meine Kernbotschaften. Dann ließ ich aus jeder Botschaft von GenAI einen Absatz formulieren und merkte schnell, wo mein Briefing klar genug war und wo ich eingreifen musste. Erst als alle Absätze meinem Denken und Schreiben entsprachen, bat ich GenAI erneut, aus einem Absatz jeweils drei bis vier zu verfassen. Auch hier waren viele gute Ideen dabei, und Einiges, was ich sofort verworfen habe.
Am Ende würde ich sagen: 15 Prozent GenAI, 85 Prozent ich. Und ich stehe hinter jedem Wort mit meinem Namen, weil ich daran gefeilt, verbessert, umgestellt, umformuliert habe. Geleitet haben mich dabei meine Erfahrungen und Überzeugungen, nicht die Algorithmen.

Zum Abschluss habe ich mir die Frage gestellt: Welches Fazit würde GenAI selbst ziehen, wenn man sie mit folgender Aufforderung einfach darum bittet?

PROMPT: *Beende das Buch über KI in der Unternehmens-kommunikation mit einem positiven Gedanken, abgeleitet aus der "Büchse der Pandora".*

ERGEBNIS:

Künstliche Intelligenz in der Unternehmenskommunikation mag wie eine moderne Büchse der Pandora erscheinen – voller Unsicherheiten, Herausforderungen und ethischer Fragen. Doch genauso wie in der ursprünglichen Mythologie, bleibt inmitten all dieser Komplexität eines erhalten: die Hoffnung.

Die Hoffnung, dass KI nicht nur Prozesse beschleunigt, sondern neue Türen für authentischen Dialog und kreative Lösungen öffnet. Die Hoffnung, dass Technologie den Menschen nicht ersetzt, sondern stärkt – indem sie Raum für das schafft, was uns einzigartig macht: Empathie, Innovation und die Fähigkeit, Beziehungen aufzubauen.

Wenn Unternehmen KI verantwortungsvoll einsetzen, mit einem klaren Fokus auf Transparenz und Menschlichkeit, wird aus der Büchse der Pandora eine Schatztruhe voller Potenziale. Es liegt an uns, diese Potenziale zu entfalten und sie in eine Zukunft zu tragen, in der Technologie und Mensch Hand in Hand arbeiten – für eine Kommunikation, die verbindet.

Dem ist nichts hinzuzufügen. Ich wünsche viel Erfolg mit GenAI!

Ihr
Richard Tigges

Alle Abbildungen in diesem Buch sind mit GenAI erstellt.

G lossar

A

Agenda Surfing: die strategische Nutzung aktueller Trends und Themen, um eigene Botschaften in relevanten Kontexten zu platzieren und die Aufmerksamkeit zu maximieren

AIAD: Artificial Intelligence Assisted Design mit dem Einsatz von KI zur Unterstützung von Gestaltungsprozessen

Altastic: ein innovatives deutsches Start-up für Media Intelligence, das Medien Monitoring und Analyse auf Basis von AI bietet

Asset: in der Kommunikation ein wertvoller multimedialer Inhalt, wie z.B. Texte, Bilder, Videos oder Daten, die strategisch eingesetzt werden

Asset Management: die Verwaltung und Optimierung von Assets zur effizienten Nutzung für PR & Marketing einschließlich der Speicherung von Nutzungsrechten

Audiate: eine Anwendung von Techsmith®, die Audio- und Video-inhalte in Text umwandelt, um den Schnitt zu erleichtern

Avatar: eine digitale, personalisierte Repräsentation einer Person oder Marke, die in virtuellen oder KI-gesteuerten Umgebungen genutzt wird

B

BERT: ein KI-Modell von Google, das Texte aus natürlicher Sprache semantisch vektorisiert

Botschaftenbibliothek: eine Sammlung vorformulierter strategischer Kernbotschaften für die Kommunikation

C

Change Café: ein Raum (physisch oder digital), in dem sich Teams informell austauschen, um

Veränderungen zu diskutieren und zu gestalten

Chatbot: ein KI-gestützter virtueller Assistent, der Text- oder Sprachanfragen von Nutzern beantwortet

Content: Inhalte wie Texte, Bilder, Videos oder interaktive Medien, die veröffentlicht werden sollen

Datenschutz: der Schutz personenbezogener Daten vor unbefugtem Zugriff oder Missbrauch

Datensicherheit: Maßnahmen und Technologien, die darauf abzielen, Daten vor Verlust, Diebstahl oder Manipulation zu schützen

Deepfake: eine KI-generierte Manipulation von Videos oder Bildern, um Personen täuschend echt darzustellen

E

Elevenlabs: eine Online-Plattform, die Sprachsynthese, Voice-Cloning und Video-Dubbing für verschiedenste Sprachversionen anbietet

EU AI Act: ein Gesetzesrahmen der Europäischen Union zur Regulierung von Künstlicher

Intelligenz mit Fokus auf Sicherheit, Transparenz und Ethik

F

FAISS: ein Open-Source-Tool von Facebook zur schnellen Ähnlichkeitssuche in großen Datensätzen

Fine-Tuning: der Prozess, ein vortrainiertes KI-Modell an spezifische Anforderungen oder Domänen anzupassen (versus RAG)

Flick: eine Online-Plattform zur Erstellung, Optimierung und Distribution von Social Media Inhalten

Framework: der rechtliche, ethische, technische und organisatorische Rahmen für die Implementierung und den Betrieb (hier: von GenAI Anwendungen), s.a.: Governance

G

Generative Artificial Intelligence, kurz GenAI: KI-Systeme, die neue Inhalte wie Texte, Bilder oder Musik generieren können

Generative Engine Optimization (GEO): Strategien zur Optimierung von Inhalten, damit diese von KI-Assistenten besser gefunden werden

Governance: der rechtliche und faktische Ordnungsrahmen, um eine Organisation zu leiten und zu überwachen; hier: Richtlinien und Prozesse, die verantwortungsvollen Einsatz von KI sicherstellen.

GPT oder Generative Pre-trained Transformer: Ein KI-Modell, das Texte generiert, indem es große Mengen an Textdaten vorab trainiert und verarbeitet hat

H

HeyGen: Kalifornisches Start-up mit einer Software zur Erzeugung von GenAI Video Content und Avataren

Hyper-Personalisierung: die Nutzung von KI zur Erstellung hochgradig individueller Inhalte oder Erlebnisse basierend auf Datenanalyse

J

JasperAI: KI-gestütztes Schreibwerkzeug, das Texte für verschiedene Anwendungsfälle generiert

K

KPI (Key Performance Indicator): Kennzahl für den Erfolg oder Fortschritt von Strategien und Maßnahmen

L

LLM (Large Language Model): ein Sprachmodell wie GPT, Llama

M

Media Monitoring: die Überwachung von Medienkanälen, um relevante Erwähnungen, Trends oder Themen zu identifizieren

Medienanalyse: die systematische Auswertung von Medieninhalten, um Erkenntnisse über Reichweite, Wirkung oder Stimmungen zu gewinnen.

Message-Tracking: die (weltweite) Nachverfolgung von Kommunikationsbotschaften mit Hilfe semantischer Vektorisierung

Milvus: eine Open-Source-Plattform für die Verwaltung und Suche vektorisierter Daten

N

Nearest Neighbor Search: ein Algorithmus, der die ähnlichsten Datenpunkte in einem vektorisierten Datensatz identifiziert

O

One-Voice-Policy: Definition von Kernaussagen und Sprachregelungen zur konsistenten Verwendung durch alle Vertreter eines Unternehmens als Bestandteil strategischer Kommunikation

OpenAI's embeddings: ein KI-Modell von OpenAI, das Texte aus natürlicher Sprache semantisch vektorisiert

Outside-in-Impulse: externe Perspektiven oder Anregungen zur internen Entscheidungsfindung

P

Performance: die Effektivität oder Effizienz einer Kampagne, meist gemessen durch KPIs wie Reichweite, Engagement, Share of Positive Voice im Wettbewerbsvergleich

Pinecone: eine Plattform für die Speicherung und Verwaltung vektorisierter Daten, optimiert für KI-Anwendungen

PoC (Proof of Concept): ein Prototyp oder Test, der die Machbarkeit eines Konzepts demonstriert

Promptbibliothek: eine Sammlung vorgefertigter Eingabeanweisungen (Prompts) für KI-Systeme

R

RAG oder Retrieval-Augmented Generation: eine Methode, bei der KI-Modelle zusätzliche Informationen mit Hilfe semantischer Vektoren abrufen, um präzisere Antworten zu generieren (versus Fine-Tuning)

S

**Selbstreferenzierendes
System:** ein System, das auf
Basis eigener Daten trainiert
und dabei nichts mehr dazulernt

Sentence Transformers: ein
KI-Modell zur Umwandlung von
Texten in Vektoren für
semantische
Ähnlichkeitsberechnungen

Sentiment: die emotionale
Bewertung von Texten als
positiv, neutral oder negativ

Sharing Economy: Geschäfts-
modelle, die auf der gemeinsamen Nutzung von Ressourcen oder Diensten basieren

Snackable Content: kurze,
leicht konsumierbare Inhalte,
die speziell für digitale
Plattformen optimiert sind

Synthesia Londoner Start-up
mit einer Software zur
Erzeugung von GenAI Video
Content und Avataren

V

Vektorisierung: Umwandlung
von Texten in numerische
Vektoren, um sie im
Bedeutungsraum zu verorten
und damit neben Verwandtes
einzusortieren

Voice-Cloning: die KI-
gestützte Nachbildung von
Stimmen, oft für personalisierte
Audioproduktionen

Vollautomatisierung: der
Zustand, in dem ein Prozess
vollständig ohne menschliches
Eingreifen abläuft

W

Weaviate: eine KI-gesteuerte
Vektordatenbank, die
semantische Suche und
Wissensmanagement
ermöglicht

Wissen2Go: schnell
zugängliche, kompakte
Wissensformate, oft in Form
von Podcasts oder Kurzvideos

Workflow: ein definierter
Ablauf von Aufgaben und
Prozessen, oft optimiert durch
Automatisierung und belegbar
dokumentiert

Y

YessPress® ComTool: eine
spezialisierte Softwarelösung
für Content-Planung, Produktion und Distribution in PR &
Marketing

 bkürzungsverzeichnis

AI (Artificial Intelligence)

AIAD (Artificial Intelligence Assisted Design)

CEO (Chief Executive Officer)

dpa (Deutsche Presse-Agentur)

EU AI Act (European Union Artificial Intelligence Act)

FAISS (Facebook AI Similarity Search)

GenAI (Generative Artificial Intelligence)

GEO (Generative Engine Optimization)

GPT (Generative Pre-trained Transformer)

IT (Information Technology)

KI (Künstliche Intelligenz)

KPI (Key Performance Indicator)

PoC (Proof of Concept)

PR (Public Relations)

Q&A (Questions and Answers)

RAG (Retrieval-Augmented Generation)

SEO (Search Engine Optimization)

UX/UI (User Experience/User Interface)